2022년, 천방지축 12살 소년 강파랑은 우연히 엄마의 비밀 노트를 발견하게 된다. 그때, 알 수 없는 워프홀이 생기며 1992년의 과거로 가게 된 파랑!
과거로 오게 된 것도 황당한데, 여기서 엄마는 '바이올렛'이라 불리며 위험한 임무를 하는 첩보 요원으로 활약 중이다. 설상가상 이곳의 사람들은 나를 유능한 첩보 요원으로 알고 엄마와 함께 활동하라고 하는데…….

내 이름은 강파랑! MSG의 첩보 요원이지!

두뇌력을 키우는 **첩보 수학 스토리북**

① 계획된 음모의 시작

글 **박동명** 그림 **유희석** 수학 콘텐츠 **장세원**

우리는 수학을 왜 공부해야 할까요?

　이 세상은 수학으로 가득 차 있습니다. 가령 물건을 사고 계산할 때나 키와 몸무게를 측정할 때도 수학이 쓰이지요. 이처럼 우리의 일상은 수학으로 가득 차 있지만, 정작 우리 친구들은 왜 수학을 공부해야 하는지 생각해 보지 않았을 거예요.

　그렇다면 왜 수학을 공부해야 할까요? 수학은 논리적 사고를 할 수 있도록 도와줍니다. 수학 문제를 풀기 위해서는 추론 과정을 통해 올바른 계산법을 이끌어 내야 하는데, 이러한 경험을 반복해서 쌓음으로써 논리적 사고력이 자라게 됩니다. 또, 수학은 이해력과 문제 해결력도 길러 줍니다. 수학 문제를 분석한 뒤, 해결 방법을 찾는 과정을 연습하면 수학뿐만 아니라 실생활 속에서 만나게 되는 다양한 문제를 해결할 수 있는 능력이 길러진답니다.

　이 책의 주인공 파랑이는 어느 날 갑자기 MSG 첩보국의 요원이 되어 위험천만한 사건에 휘말리게 됩니다. 그 과정에서 시행착오를 겪기도 하지만, 자신만의 방법으로 문제를 해결하기 위해 최선을 다하지요. 우리 친구들도 각 장마다 이어지는 교과 수학과 사고력 수학 문제를 풀다 보면 수학에 대한 재미는 물론, 실력도 쑥쑥 자라게 될 거예요. 그럼 이제 수학요원이 될 첫걸음을 내딛어 볼까요?

서울어울초등학교 교사 장세원

차례

머리말 • 8
등장인물 소개 • 10
책 활용법 • 12
일급 수학요원의 초대장 • 13

1장 평화로운 MSG 첩보국의 하루 • 15
기초 탄탄 교과 수학 • 37 실력 쑥쑥 사고력 수학 • 38
5학년 1학기 규칙과 대응

2장 세계 최고의 시계 회사, 투투클락 • 39
기초 탄탄 교과 수학 • 57 실력 쑥쑥 사고력 수학 • 58
5학년 2학기 평균과 가능성

3장 당신이 왜 여기에? • 59
기초 탄탄 교과 수학 • 81 실력 쑥쑥 사고력 수학 • 82
4학년 1학기 큰 수

4장 지금 필요한 건 에코 제로 플러스원 • 83
기초 탄탄 교과 수학 • 111 실력 쑥쑥 사고력 수학 • 112
6학년 2학기 공간과 입체

5장 새로운 전쟁의 서막 • 113
기초 탄탄 교과 수학 • 135 실력 쑥쑥 사고력 수학 • 136
3학년 1학기 길이와 시간

플러스 수학 TALK! TALK! • 137
해설 • 138

등장인물 소개

강파랑 CODENAME X

느닷없이 과거로 와 버린 평범한 12살 소년. 어쩌다 보니 MSG 첩보국의 요원이 되었다. 정이 깊고 정의감이 넘쳐서 악당을 상대할 때 자신의 일처럼 분노하고 투지를 발휘한다.

바이올렛 CODENAME V

MSG 첩보국의 에이스 요원. 파랑의 엄마 이순심의 숨겨진 어린 시절이다. 도전적이고 강인한 동시에 동료를 챙길 줄도 아는 리더형 인물로, 파트너가 된 파랑을 성장시킨다.

스카우터 9 SCOUTER NINE

주로 서포터 역할을 하는 MSG 첩보국의 요원. 인재 관리가 주요 업무라 요원들 하나하나에 대한 이해도가 높고 애정도 깊다.

★★ 불독 국장 ★★

MSG 첩보국의 국장. 이름 그대로 진짜 불독이다. 과거 신참 요원들의 훈련사로 일하기도 했으며, 요즘은 비서인 푸들 양을 짝사랑하고 있다고 한다.

★★ 푸들 비서 ★★

불독 국장의 비서로, 이름 그대로 진짜 푸들이다. 똑똑하고 당찬 성격으로, 불독 국장을 보필한다.

★★ 오클락 ★★

시계 회사인 투투클락의 사장. 시계를 무척 사랑하는 인물로, 투투클락의 시장 점유율이 만년 2등이라는 사실에 깊은 열등감을 가지고 있다.

★★ 인형 탈 ★★

투투클락에서 일하는 직원. 오클락의 지시에 따라 거리에서 신형 시계를 나눠 주다 파랑과 만나게 된다.

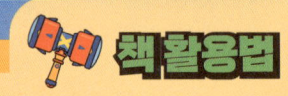

책 활용법

코드네임 X 계획된 음모의 시작을 제대로 즐기는 방법!

1. 파랑과 바이올렛을 따라 흥미진진한 첩보 사건을 해결해 보세요!

2. 교과 수학과 사고력 수학을 풀며 수학요원의 자질을 키워 보세요!

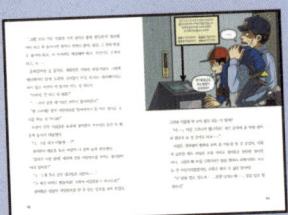

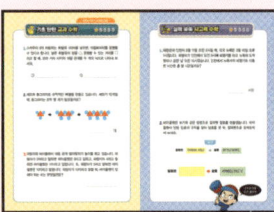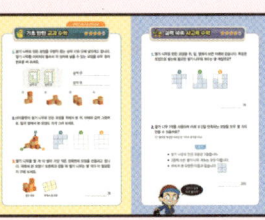

3. 해설을 읽으며 수학 지식을 완벽하게 익혀 보세요!

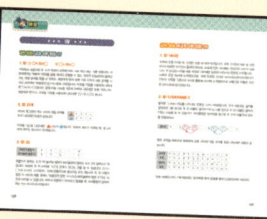

일급 수학요원의 초대장

• 일급 수학요원 피타고라스(B.C.582?~B.C.497?)

◆ ≪ 초대장 ≫ ◆

반갑네, 수학요원이 되기 위해 이 책을 선택한 친구들!
나는 '피타고라스의 정리'를 발견한
고대 그리스의 철학자이자 수학자인 피타고라스라고 하네.
이 책을 읽는 친구들이 각 장마다 펼쳐지는
수학 문제를 마스터해서
초급 수학요원으로 성장하기를 바란다네.

1장
평화로운 MSG 첩보국의 하루

1년 365일 MSG 첩보국의 하루는 악당 타도로 점철된다.

오늘도 테러를 시도하는 악당을 찾아내 물리친다!

내일도 평화를 위협하는 악당을 찾아내 물리친다!!

모레도 일상의 행복을 방해하는 악당들을 찾아내 물리친다!!!

"알겠니, 강파랑? 그러니까 지금 내가 악당 같은 네게 화를 내는 건 정당하다는 이야기야."

"잉? 갑자기 무슨 소리를 하는 거야, 바이올렛?"

"단도직입적으로 말해 줄까? 페퍼로니 피자를 부탁했는데 파인애플 피자가 여기 있는 이유가 뭐지? 설명해 봐!"

"왜냐면 오늘은 왠지 파인애플 피자가 먹고 싶었……."

파랑의 말을 끊은 바이올렛이 도끼눈을 뜨며 되물었다.

"그래서 누가 돈을 냈다고?"

"그건 바이올렛, 네가……. 어휴~ 그래, 내가 잘못했어요. 엄마!"

"내가 왜 네 엄마야!"

화가 난 바이올렛이 파랑을 향해 성큼성큼 걸음을 옮기자, 파랑이 부리나케 도망가기 시작했다.

"강파랑! 거기 안 서? 오늘이야말로 결판을 내고 말겠어!"

바이올렛의 살기를 느낀 파랑이 걸음아 날 살려라 하며, 한달음에 국장실까지 달려갔다.

"왜 이렇게 시끄러운 거야?"

"살려 주세요, 국장님! 바이올렛이 절 때리려고 해요!"

불독 국장은 또 시작이냐는 표정으로 파랑을 힐끗 보고는 한숨을 쉬며 바이올렛에게 말했다.

"하아~ 바이올렛, 무슨 일인진 몰라도 좀 얌전히 있으면 안 될까? 너희는 몰라도 난 처리할 서류가 산더미란 말이다."

"그치만 강파랑이 파인애플 피자를 사 왔단 말이에요!"

순간 평정심을 유지하던 불독 국장의 미간이 찌푸려졌다.

"파인애플이라니……. 그건 선 넘었지. 강파랑, 생각보다 취향이 더 독특한 녀석이었구나."

바이올렛과 불독 국장의 반응을 보아하니 1990년대에도 파인애플 피자에 대한 호불호는 분명하게 나뉘었던 것 같다. 민트

초코와 같은 취급이라니, 불쌍한 파인애플…….

뭐 이렇게 시시콜콜한 말장난을 하며 하루하루를 보낼 수 있는 것도 세상이 평화롭기 때문이겠지?

"그런데 국장님, 요즘은 악당들이 유난히 조용한 것 같지 않아요? 너무 심심해서 몸이 근질근질할 정도……."

파랑이 말을 채 끝맺기도 전에 바이올렛과 불독 국장이 당황스러운 표정으로 파랑을 쳐다보며 외쳤다.

"강파랑! 그런 불길한 말은 함부로 하는 게 아니야!"

"맞아. 그러고 나면 어김없이 사건이 터진단 말이다!"

불길한 예감은 틀린 적이 없다는 말은 곧이어 나타난 푸들 비서에 의해 또다시 증명되었다.

"긴급 상황입니다, 국장님! 태평양의 외딴섬에서 엄청난 위력을 가진 폭탄을 제조하고 있다는 첩보가 들어왔어요!"

"뭐? 이번엔 또 어떤 녀석들이지? 뭐가 됐든 서둘러서 대응해야……."

"그러실 줄 알고, 코드네임 R과 스카우터 9을 급파했습니다."

발 빠른 푸들 비서의 대처에 불독 국장은 그만 머쓱해져 버렸다.

"음……. 잘했어, 역시 푸들 양이야. 일 처리가 아주 신속해."

"또, 유럽의 오지에서 정체불명의 과학자들이 전염성이 매우 강한 생화학 무기를 개발하고 있다는 첩보도 들어왔어요!"

"그래? 그렇다면 이번에는……."

"그래서 그곳엔 코드네임 I를 보냈답니다."

"어? 어……, 잘했어. 잘은 했는데……. 왜 그런 중요한 걸 나한테 안 물어봐? 내가 그래도 국장인데……."

"그야 긴급 상황이란 말 그대로 매우 급했으니까요!"

"……그, 그건 그렇지. 잘했네, 푸들 양……."

짧은 대화를 마친 불독 국장의 어깨가 축 처졌다. 반대로 푸들 비서는 어쩐 일인지 위풍당당해 보이기까지 했다.

둘의 대화를 듣던 파랑은 그렇지 않아도 무료하던 차에 출격할 수 있다고 생각하니 벌써부터 들뜨는 기분이 들었다.

"국장님, 국장님! 그럼 전 어디로 가면 될까요? 역시나 태평양? 아니면 유럽이 나을까나?"

호들갑스러워도 의욕이 넘치는 파랑을 보며, 불독 국장과 푸들 비서는 흐뭇한 미소를 지었다. 비록 파랑이 서툰 점은 많았지만 열심히는 했고, 모자란 부분은 그의 파트너이자 에이스 요원인 바이올렛이 채워 주면 되는 문제였다. 이 정도면 어느 날 데굴데굴 굴러 들어온 요원치고는 꽤 훌륭하다고 할 수 있지 않을까?

"좋아, MSG 첩보국의 요원으로서 아주 바람직한 자세야. 하지만 강파랑……."

"사건 현장에는 이미 요원들이 파견된 상태니, 강파랑 요원은 본부에서 대기하고 있는 게 좋을 것 같습니다."

푸들 비서가 다시 한번 말을 자르자, 불독 국장이 버럭 소리를 질렀다.

"내가 말한다니까 왜 아까부터 자꾸 말을 끊고 그래!"

"누가 말하든 뜻만 잘 전달하면 되는 거 아닐까요?"

"그래! 잘났다, 잘났어! 이번 기회에 그냥 MSG 첩보국 국장도 해 버리지 그래?"

금방이라도 싸움이 벌어질 듯 팽팽한 긴장감이 감돌았고, 상급자의 다툼을 관전하기에 바이올렛은 지나치게 예의 바른 요원이었다.

"후유~ 일단 나가자, 파랑아."

자신의 손을 잡아 이끌며 국장실을 나서는 바이올렛에게 파랑이 질문을 던졌다.

"근데 바이올렛, 우리 정말 쉬어도 돼?"

"요원들은 언제 임무에 투입될지 모르니까 항상 최상의 컨디션을 유지해야 해. 즉, 휴식도 요원에겐 중요한 임무나 마찬가지란 얘기지!"

바이올렛의 말을 들은 파랑이 소파로 흐느적흐느적 걸어가며 말했다.

"휴식도 임무라니까 그럼 난 낮잠이나 한숨 자야겠다."

"그렇다고 대낮부터 팔자 좋게 잠이나 자란 소리는 아니었거든!"

"쉬라고 했으면서 또 잔소리! 알았어, 그러면 딱 1시간만 자고 일어날……. 맞다! 이게 있었지."

파랑은 소파에 비스듬히 누우며 주머니에서 시계를 꺼냈다. 손바닥만한 크기의 귀여운 양 모양 자명종 시계였다.

"그 유치한 시계는 뭐야? 하여튼 강파랑, 취향 한번 독특하다니까."

"이거? 아까 피자 사러 나갔다가 무료로 나눠 주는 걸 받아 왔어. 무슨 시계 회사 이벤트 같은 거라던데?"

"공짜라면 다 좋지? 너 그러다 머리 벗겨진……. 뭐야? 그새 잠들다니, 좀 대단한데?"

잘 먹고, 잘 자고, 잘 싸……. 흠흠. 아무튼 이 세 가지는 건강하게 살아가는 데 매우 중요한 요소다. 하지만 소파에 머리를 대자마자 누가 업어 가도 모를 만큼 깊은 잠에 빠진 파랑을 보며, 바이올렛은 애초에 내가 왜 얘랑 팀을 한다고 했을까? 그만 복잡한 심경이 되어 버렸다. 그래서 평소의 바이올렛이라면 절대 하지 않을 장난을 치기로 마음먹었다. 1시간 뒤에 울리도록 맞춰 놓은 알람을 5분 뒤에 울리도록 조정하는 아주 사소한 장난이었다.

"이렇게 하고 귀 옆에 두면 아주 깜짝 놀라서 일어나겠지?"

아무것도 모른 채 낮잠을 즐기는 파랑을 내려다보는 바이올렛의 표정이 어쩐지 심술궂어 보였다. 째깍째깍 시간은 흘렀고, 드디어 5분이 지났다.

메에에에에에에!

"으앗! 깜짝이야! 알람 소리가 뭐 이래? 어……, 왜 갑자기 화가 나는 거지……?"

온 방이 떠나가라 울리는 알람 소리에 귀를 막으려던 바이올렛의 표정이 조금씩 이상해졌다. 멍하게 풀린 눈동자로 중얼거리는 모습이 평소와는 달라 이질적으로 느껴지기까지 했다.

"기분이 이상해……. 싫어……. 이게 다 MSG 때문이야……. 없애 버려야……. 자, 잠깐만! 내가 지금 무슨 소리를 하는 거야? MSG를 없앤다고?"

바이올렛은 베테랑 요원답게 시계의 알람 소리가 문제임을 간파하곤 재빨리 아이템을 찾았다.

"지금 내게 필요한 건 바로 고요한 아침!"

> **고요한 아침**
> 음파를 이용한 각종 공격으로부터
> 사용자를 지켜 주는 헤드폰.
> 마이크가 부착되어 있어 사용자들 간의 대화가 가능하다.

고요한 아침으로 알람 소리를 차단하자, 조금 전까지 바이올렛을 괴롭히던 MSG에 대한 분노가 일순간에 사라졌다. 알람 소리를 듣고 정신을 놓다니 보통 일이 아니라는 생각에 바이올렛의 얼굴에 수심이 드리웠다.

"생긴 것부터 정이 안 가더라니. 파랑인 대체 뭘 가져온 거야."

바이올렛은 시계를 이리저리 살폈지만, 아무리 봐도 소름 끼치는 알람 소리를 제외하곤 이상한 점을 찾을 수 없는 평범한 시계였다.

"이렇게 봐서는 모르겠는데……. 역시 기술부에 의뢰하는 게 좋겠어. 그나저나 이건 어떻게 끄는 거지?"

그때, 바이올렛의 뒤에서 인기척이 느껴졌다.

"으어어엉아아앙!"

파랑이었다. 평소 파랑은 바이올렛에게 짓궂게 굴었지만, 지금은 누가 봐도 제정신이 아닌 모습이었다. 그나저나 기합 소리 좀 어떻게 할 수 없을까? 파랑아, 너 주인공이잖아…….

"우당탕 달려오다니, 기습 공격의 기본도 모르는구나. 아직도 배워야 할 게 한참 남았어."

고삐 풀린 맹수처럼 사납게 달려드는 파랑을 바이올렛이 가볍게 제압했다.

"살살 해 줄 테니까 원망하지는 말고."

바이올렛에게 깔려 옴짝달싹하지 못하면서도 파랑은 바이올렛을 공격하려고 부단히 애쓰고 있었다. 가능하면 온전한 모습 그대로 시계를 가져가 분석해 보고 싶었지만, 이대로라면 파랑을 다치게 할지도 몰랐다.

콰직.

바이올렛이 팔을 뻗어 시계를 부수자 이리 꿈틀, 저리 꿈틀하던 파랑이 잠시 멈칫하더니 눈동자에 서서히 이성의 빛이 어렸다.

"어……, 엉? 뭐지? 바이올렛, 왜 날 깔고 앉아 있어?"

"몰라서 물어? 네가 날 공격해서 내가 널 제압……. 하~ 생각하니까 화가 나네? 이거 일부러 모르는 척하는 거 아니야?"

"잠깐만! 무슨 말인지는 모르겠는데 나 이제 정신 차렸으니까……. 으아아악! 팔, 팔! 나 팔 아프다고!"

"뭐라고? 길거리에서 나눠 준 함정 따위를 달고 온 멍청이가 하는 말은 안 들리는데?"

"끄아아아악! 살려 주세요!"

바이올렛은 파랑에게 알려 주고 싶은 게 많았지만, 지금은 불특정 다수를 위험에 빠뜨릴 수 있는 시계를 처리하는 게 먼저였다. 어쩔 수 있는가, 파랑의 교육은 미래의 자신에게 맡겨 두고 서둘러 국장실로 달려갈 수밖에.

벌컥.

"국장님, 여기 위험한 물건이 있어요!"

"노, 노크 좀 하지 그러나!"

한층 더 시무룩해진 불독 국장과 해사한 미소를 지으며 그 옆에 선 푸들 비서를 보니 아무래도 계급장을 떼고 싸우면 푸들 비서가 더 강한가 보다. 아무튼 힘내라, 불독 국장!

"흠흠. 그래서 무슨 일이라고?"

"파랑이가 길에서 시계를 하나 받아 왔는데요. 시계의 알람 소리에 아무래도 최면 효과가 있는 것 같아요!"

바이올렛이 하는 말을 잠자코 듣고 있던 푸들 비서가 깜짝 놀라 대화에 끼어들었다.

"최면을 제대로 걸려면 고난도의 기술이 필요할 텐데……. 그걸 그 시계 하나로 구현했다고요?"

"네, 맞아요. 저는 고요한 아침으로 소리를 차단해서 괜찮았지만, 파랑이는 최면에 걸려 절 공격했어요."

"공격 본능을 일깨우는 최면이라니……."

불독 국장과 푸들 비서가 아연실색하던 바로 그때, 온몸이 만신창이가 된 파랑이 힘겹게 국장실로 들어오며 외쳤다.

"전 그냥 공짜라고, 받아 가라고 해서 가져온 건데……. 그렇다고 사람을 이렇게 만들어도 되는 겁니까? 말보다 주먹이 앞서는 악덕 파트너를 규탄합니다!"

"저 방정맞은 입도 한두 번 접어주지 그랬나, 바이올렛?"

"그러게요. 제가 왜 그 생각을 하지 못했을까요?"

"힝~ 맨날 나만 구박해……."

저를 두고 나누는 살벌한 대화에 파랑이 쭈그러들었지만, 그러거나 말거나 불독 국장과 바이올렛은 계획을 세우느라 여념이 없어 보였다.

"이 시계는 투투클락이라는 회사에서 만들었나 보군."

"시계 판매 점유율이 항상 2등이라 투투클락 아니냔 우스갯소리로 꽤 유명한 시계 회사예요."

어느새 기운을 차린 파랑이 불독 국장과 바이올렛의 대화에 비죽 끼어들었다.

"저런……. 콩 라인이네. 불쌍하다."

"콩 라인? 너 또 혼자만 아는 엉뚱한 얘기할래?"

"바이올렛, 콩 라인 몰라? 황제 테란이 1등 하고, 별명이 콩인 폭풍 저그는 항상 2등만 해서 2등만 하는 사람을 다들 그렇게 부르잖아?"

지금은 1992년, 국내 최초의 프로 게임 리그는 그로부터 한참 뒤에야 시작되었다는 사실을 파랑은 모르고 있었다.

"국장님! 프로 게임 리그 진짜 몰라요?"

"하하하! 게임을 축구나 야구처럼 리그로 한다고? 이보게, 강파랑! 게임은 애들이나 하는 거지 스포츠가……."

"자, 자! 잡담은 이만하시고요. 기술부가 이 시계를 분석하는 동안, 두 요원은 시계를 나눠 준다는 곳에 가서 단서를 조사하도록 하세요."

이번에도 푸들 비서가 불독 국장의 말을 끊었다.

"왜 내가 있는데 푸들 양이 자꾸 지시를 하는 거지?"

불독 국장과 푸들 비서가 2차전을 벌이기라도 할 듯 또다시 으르렁대자, 바이올렛과 파랑은 서둘러 국장실에서 탈출, 아니 발걸음을 옮겼다.

"파랑아, 시계 받을 때 수상한 점은 없었어?"

"글쎄……. 아! 그러고 보니까 엄청 껄렁껄렁한 아저씨가 엄청 귀여운 양 모양 탈을 쓰고 나눠 주던 게 좀 수상했던 것 같기도 하고."

"그건 그냥 홍보하려고 그런 거고."

"맞다! 나눠 주면서 좋은 꿈꾸라고 말했어. 환한 대낮인데 말이야. 무슨 암호 같은 거 아니었을까?"

"그건 그냥 인사말……. 됐다, 그냥 길이나 안내해 줘!"

파랑이 시계를 받은 곳은 MSG 첩보국과 그리 멀지 않은 곳에 위치한 평범한 길거리였다.

"저기구나. 넌 이미 얼굴이 노출된 상태니까 여기서 기다리고 있어. 내가 시계를 받는 척하면서 정보를 캐 올게."

"네이, 네이!"

"대답은 한 번만!"

별걸 다 구박한다며 투덜대는 파랑을 뒤로 하고, 바이올렛은 시계를 나눠 주는 곳으로 다가갔다. 파랑의 말처럼 양 모양 인형 탈을 쓴 남자가 시계를 나눠 주고 있었고, 그의 머리 위로 '투투클락의 최신형 시계를 무료로 나눠 드립니다!'라는 글귀가 쓰인 현수막이 나부끼고 있었다.

"와아~ 이 시계 좀 봐, 엄청 귀엽당! 아저씨, 저 같은 어린이도 시계 받을 수 있는 거예요?"

멀리서 '웩! 바이올렛이 귀여운 척한다!' 하고 빈정대는 파랑의 목소리가 언뜻 들리는 것도 같았지만, 파랑이 저러는 게 하루 이틀도 아니니 그러려니 하는 바이올렛이었다. 주먹에 힘이 들어가는 건 어쩔 수 없었지만 말이다. 바이올렛은 해맑은 어린이처럼 방긋방긋 웃으며 인형 탈에게서 시계를 건네받았다.

'예상대로 파랑이가 받은 시계와 같은 시계야. 굳이 연기할 필요 없이 이 사람을 심문하면 될 것 같은데?'

최면 시계와 밀접한 관계가 있어 보이는 인형 탈을 심문하는 쪽으로 바이올렛이 마음을 굳혔을 때였다. 바이올렛보다 먼저 시계를 받아 간 것으로 보이는 한 남자가 성난 모습으로 다가왔다.

"이보쇼. 이거 고장이 난 건지 알람이 울리지 않는데, 어떡할 거야?"

"이런. 제가 문제가 있는 시계를 드렸네요, 죄송합니다. 그런데 지금 막 마지막 시계를 이 꼬마 아가씨에게 드려서요. 정말 죄송한데 내일 다시 오시면……."

"아니, 고장이 난 시계를 줘 놓고 죄송하다면 다야? 난 그런 거 모르겠으니까 얼른 새 시계 내놔!"

버럭버럭 화를 내며 억지를 부리는 남자의 모습을 가만히 응시하던 인형 탈의 얼굴에 비릿한 미소가 어렸다.

"하. 하. 하. 그러시구나. 남는 시계가 없는데, 없는 시계를 꼭 받아 가셔야 직성이 풀리시는구나."

"그렇게 말하니까 내가 꼭 나쁜 사람 같잖아. 손님한테 이렇게 모욕감을 줘도 돼? 사장 어디 있어. 사장 나오라 그래!"

막무가내 손님들의 단골 멘트인 '사장 나오라 그래!'를 외치는 남자를 보며, 바이올렛이 손에 든 마지막 시계를 양보하려고 하는 바로 그 순간이었다. 인형 탈이 자신이 찬 손목시계를 두어 번 툭툭 치더니 남자를 보며 작게 읊조렸다.

"메에에에에에."

인형 탈이 속삭이듯 내뱉은 소리는 작긴 했지만 시계의 알람 소리와 같은 소리였고, 예상대로 그 소리를 들은 남자는 순식간에 온화한 미소를 머금고는 휘청휘청 왔던 길을 되돌아갔다.

"시계는 내일 받으러 온다……. 투투클락의 말을 잘 듣자……. 시계는 내일……."

남자가 떠나자 인형 탈이 바이올렛을 보며 말했다.

"마음이 바뀌셨나 보네요. 다행이죠?"

"그러게요. 갑자기 백팔십도 바뀐 모습으로 돌아가다니 참 이상해요. 누가 보면 그쪽이 최면이라도 건 줄 알겠어요."

바이올렛의 의미심장한 말에 인형 탈은 아무렇지 않은 척 너스레를 떨며 말했다.

"네? 최면이라니 갑자기 그게 무슨 말씀인지……."

"아무리 제가 꼬마라도 옆에 사람이 있을 때는 그런 수상한 기술을 쓰면 안 되죠. 그쪽, 저랑 같이 좀 가야겠어요."

같이 가자는 한마디에 화들짝 놀라 허둥지둥 도망가려는 인형 탈의 모습에 바이올렛은 당황하고 말았다.

'뭐야? 왜 저렇게 당황하는 거지? 완전 초보 느낌이잖아. 아는 게 없을 수도 있겠는데. 이거 괜히 건드린 거 아냐?'

바이올렛이 섣부르게 행동한 건 아닌지 잠시간 자책하고 있을 때, 스케이트보드에 몸을 실은 파랑이 쏜살같이 뛰쳐나오며 바이올렛을 향해 외쳤다.

"바이올렛, 일단 잡은 뒤에 생각해! 도망가잖아!"

바이올렛이 생각에 빠진 짧은 틈을 노려 인형 탈은 재빠르게 달아나고 있었다. 어찌나 마음이 급했으면 진짜 양처럼 네발로 달리는데……. 어라? 진짜 빠르잖아?

"저 아저씨 뭐야? 진짜 양이야? 뭐가 저렇게 빨라?"

파랑과 바이올렛이 바라만 보고 있자, 이겼다 싶었는지 여유를 되찾은 얼굴로 인형 탈이 뒤를 돌아보며 외쳤다.

"어디서 온 꼬맹이들인지는 모르겠지만, 어차피 느려 터진 너희는 절대 날 못 잡을걸? 약 오르면 어른들에게 가서 일러바치든가~ 히히히! 메에에!"

그냥 달아나기만 하면 결과가 더 좋을 텐데, 왜 악당들은 주인공을 도발하는 데 쓸모없는 에너지를 쓰는지 모르겠다. 그리고 역시나 그 도발이 파랑에게 제대로 먹힌 모양이었다. 슈퍼 천재 요원에게 어른들에게 일러바치라는 심한 말을 하다니……. 용서할 수 없다!

"바이올렛, 계속 그러고 있을 거면 나 혼자 간다! 그래도 괜찮지?"

약이 올라 당장이라도 뛰쳐나갈 기세인 파랑과는 달리 바이올렛은 평온한 얼굴로 신발을 쓰다듬으며 나직이 속삭였다.

"슈즈 트렌스폼 롤러스케이트 모드 온!"

휘리릭~ 철컥! 철컥!

그러자 바이올렛의 신발이 갑자기 롤러스케이트처럼 변하는 게 아닌가? 바퀴를 탑재한 신발이라니……, MSG의 기술력은 정말 대단하다니까!

"뒤처지지 말고 따라오기나 해!"

파랑에게 소리친 바이올렛이 앞서 달려 나가기 시작했고, 그 뒤를 파랑이 바짝 쫓았다. 바이올렛이 양발을 빠른 속도로 움직이자 바퀴에서 불꽃이 뿜어져 나왔다. 그렇다, 저것은 롤러스케이트가 아니라 로켓 슈즈였던 것이다!

"로켓은 반칙이지! 어쩐지 심하게 빠르더라!"

"로켓은 반칙이지! 어쩐지 심하게 빠르더라!"

파랑과 인형 탈이 바이올렛을 향해 한목소리로 외쳤다. 강파랑, 도대체 너는 왜 그러는 거야?

"둘 다 시끄럽고, 거기 서! 인형 탈, 왜 자꾸 도망치는 거야?"

"너희가 안 쫓아오면 내가 도망갈 일도 없지 않을까?"

바이올렛과 파랑이 무서운 속도로 인형 탈을 추격하자, 인형 탈은 눈앞에 보이는 골목으로 몸을 휙 틀었다. 저렇게 엄청난 속도라면 요리조리 휘어지는 좁은 골목에서는 오히려 달리기 어려울 것이라고 판단한 까닭이었다.

'속도를 급하게 줄이다 보면 골목을 사정없이 나뒹굴고 말겠지. 잘 가라, 꼬맹이들.'

인형 탈의 예상대로 급하게 골목에 뛰어든 파랑은 속도를 주체하지 못하고 그대로 쓰레기 더미에 처박히고 말았다.

"으아악! 고약한 냄새! 에퉤퉤퉤!"

"메에에~ 양을 우습게 본 죄다, 이 꼬맹이들아! 산양은 절벽도 잘 타는 우수한 동물이라는 사실은 미처 몰랐겠지?"

인형 탈이 골목을 제집처럼 종횡무진하며 호탕하게 말했다.

"뭐라는 거야? 누가 보면 사람 아니고 진짜 양인 줄 알겠네."

"그건 그렇지. 하지만 이게 바로 메소드 연기 아니겠냐? 나는 프로이기 때문에 양 모양 인형 탈을 쓰면 마치 내가 양이 된 느낌으로……. 잠깐? 근데 나 지금 누구랑 얘기하는 거지?"

"나 여기 있잖아. 안 보여?"

"소리가 위에서 들리는……. 꺄아아아! 엄마야!"

고개를 비스듬히 들어 위를 본 인형 탈은 소스라치게 놀라 그만 비명을 지르고 말았다. 바이올렛이 구불구불한 땅이 아니라 건물 옆면을 타고 쫓아오고 있었기 때문이었다. 커브를 돌 때는 슈퍼 히어로처럼 점프! 사뿐하게 착지한 뒤에는 다시 건물 옆면을 평지처럼 슈슈슉!

"자, 이제 끝이다! 이 탱탱볼 폭탄으로……."

"항복, 항복!"

"……받아라, 탱탱볼 폭탄!"

피유우웅웅~ 펑!

"엄마야아아! 너 나빠! 항복했……잖……. 꽥!"

"그래? 난 못 들었는데. 그러게 좀 크게 얘기하지 그랬어?"

바이올렛이 기절한 인형 탈에게 말했다. 아마도 어른들에게 일러바치라고 했던 인형 탈의 도발이 바이올렛의 청력을 잠깐 떨어뜨린 모양이었다.

"바이올렛, 잡았어?"

멀리서 파랑이 바이올렛과 인형 탈을 향해 걸어오고 있었다.

"자, 그럼 일단 깨워서 취조를 해 볼까?"

"그런데 바이올렛, 아는 게 없으면 그냥 보내 줘야겠지?"

파랑의 물음에 기절한 인형 탈의 표정이 어쩐지 안도하는 것처럼 바뀌었다.

"아무리 아는 게 없어도 최소한 근거지는 알겠지. 그러면 거기서부터 다시 정보를 모으면 돼."

뒤이어 이어진 바이올렛의 대꾸에 기절한 인형 탈의 표정이 순간 어두워졌다.

"무엇보다 마른오징어도 쥐어짜면 물이 나온다잖아? 이 사람을 빈틈없이 조사하다 보면 뭔가 건질 게 있을 거야."

기절한 인형 탈의 표정이 이제는 악마라도 만난 것처럼 심각해졌고, 곧 외진 골목길에는 양의 구슬픈 울음소리가 널리 울려 퍼졌다고 한다.

1. 스카우터 9의 자동차는 휘발유 1리터를 넣으면, 15킬로미터를 운행할 수 있다고 합니다. 넣은 휘발유의 양을 ○, 운행할 수 있는 거리를 □라고 할 때, 양과 거리 사이의 대응 관계를 두 개의 식으로 나타내 보세요.

① _____   ② _____

2. 세모와 동그라미로 규칙적인 배열을 만들고 있습니다. 세모가 10개일 때, 동그라미는 모두 몇 개가 필요할까요?

_____ 개

3. 파랑이와 바이올렛이 대응 관계 알아맞히기 놀이를 하고 있습니다. 파랑이가 3이라고 말하면 바이올렛은 9라고 답하고, 파랑이가 4라고 말하면 바이올렛은 11이라고 답합니다. 또, 파랑이가 5라고 말하면 바이올렛은 13이라고 말합니다. 파랑이가 10이라고 말할 때, 바이올렛이 답해야 하는 수는 무엇일까요?

_____

1. 대한민국 인천이 3월 11일 오전 8시일 때, 미국 뉴욕은 3월 10일 오후 7시입니다. 파랑이가 인천에서 오전 9시에 비행기를 타고 뉴욕에 도착했더니 같은 날 오전 10시였습니다. 인천에서 뉴욕까지 비행기로 이동한 시간은 총 몇 시간일까요?

_____ 시간

2. 바이올렛은 보기와 같은 방법으로 알파벳 암호를 만들었습니다. 바이올렛이 만든 암호의 규칙을 찾아 암호를 푼 뒤, 알파벳으로 또박또박 써 보세요.

2장
세계 최고의 시계 회사, 투투클락

"저는 투투클락에서 고용한 아르바이트생입니다. 시급은 900원……. 무지하게 짠돌이들이죠? 그래도 양심은 있는지 밥값은 따로 챙겨 주네요. 원래 직업은 최면술사인데, 요즘 장사가 안돼서 아르바이트 중입니다. 별자리는 양자리, 혈액형은 AB형, 제육볶음과 돈가스를 좋아해요. 자, 그럼 이제 무엇이든 물어보십시오."

"……."

인형 탈은 파랑과 바이올렛이 묻기도 전에 자신의 신상 정보를 열심히 쏟아 냈다. 그다지 실속 있는 정보는 아니었지만 말이다. 그리고 왜 떡볶이는 안 좋아하는 건데?

"바이올렛, 나 왠지 나쁜 사람이 된 기분이 들어……. 정말 하나도 아는 게 없어 보이는데 우리 그냥 보내 주자."

"내 생각도 마찬가지야. 딱 하나만 물어보고 풀어 주자."

질문 하나에만 답하면 이 상황에서 벗어날 수 있다는 생각에 인형 탈의 얼굴에 화색이 돌았다.

"무엇입니까요? 무엇이든 물어 주십쇼!"

하는 말과는 달리 두 눈에는 해맑음, 그 이상의 순진무구함이 가득 찬 인형 탈의 얼굴을 보며 바이올렛이 질문을 던졌다.

"시계를 만드는 장소가 어디지? 투투클락 공장이 한두 개가 아니던데 정확한 위치는? 시계에 최면 기능이 있는 걸 알고 나눠 준 거야? 또, 이런 일을 벌이는 목적은 뭐야?"

"어……. 저, 근데 분명 질문 하나만 하신다고……."

인형 탈이 우물쭈물 소심하게 반항하자, 바이올렛은 대답 대신 탱탱볼 폭탄을 꺼내 들었다.

"히익! 죄, 죄송합니다! 시계는 투투클락 본사에서 만든다고 들었어요. 357-11번지에 있는 50층짜리 빌딩 아시죠? 또, 진상 손님을 쫓아내려고 잔재주를 부려 본 거지, 시계에 최면 기능이 있다는 소리는 금시초문이고요. 근데 시계로 최면을 걸다니, 그게 가능은 해요? 목적은……. 고작 아르바이트생이 그걸 어떻게 알겠어요."

정작 듣고 싶은 대답은 듣지 못했지만, 모른다는데 어쩔 도리가 있을까? 바이올렛이 그만 가도 된다고 말하자 인형 탈은 처음 도망칠 때보다 두 배는 더 빠른 속도로 달려서 골목 저 멀리 사라졌다.

인형 탈은 시계에 최면 기능이 있을 리 없다고 말했지만, 파랑의 살벌한 공격을 받았던 바이올렛으로서는 그 말을 믿을 수 없었다. 다만 확실한 증거가 없으니 보내 줄 수밖에…….

"이래서 증거가 중요한 거라니까."

바이올렛이 나직하게 읊조리자, 파랑이 되물었다.

"뭐라고? 잘 안 들려, 바이올렛!"

"증거 찾으러 투투클락에 쳐들어가야겠다고!"

말을 마친 바이올렛은 평소 통신 수단으로 사용하던 귀걸이 대신, 핸드폰을 꺼내 불독 국장에게 전화를 걸며 파랑을 힐끗 쳐다봤다. 아직 가지고 있는 사람이 거의 없는, 심지어 접었다 펼 수 있는 최신 핸드폰을 보고 파랑이 깜짝 놀랄 것을 예상했기 때문이다. 그런데 이게 웬일? 정작 파랑은 별 감흥 없는 눈빛으로 핸드폰을 보고 있는 게 아닌가.

'정말 이상한 애라니까. 이런 신식 물건을 보면서 저런 표정을 짓다니…….'

"이야~ 이게 옛날 핸드폰이구나! 인터넷에서만 봤는데, 이제 돌아가면 나도 라떼는 말이야!를 외칠 수 있겠어."

알 수 없는 말을 하는 파랑을 보며 바이올렛이 고개를 갸웃했다.

"라떼? 커피 말하는 거야?"

"우우우~ 유행에 뒤처지셨군요. 분발하세요!"

"대체 그런 유행이 어디 있다고. 너 진짜 혼날……."

바이올렛의 잔소리가 시작되려던 찰나에 불독 국장이 전화를 받았다. 파랑은 불독 국장 덕분에 바이올렛의 잔소리에서 벗어났다는 사실에 감사하며, 까불까불 말했다.

"국장님 전화 받으셨네. 얼른 얘기 나눠, 바이올렛!"

바이올렛은 파랑의 행동 하나하나에 반응하는 스스로가 신기했다. 어쩌면 상대의 혼을 빼놓는 게 파랑의 진정한 능력이 아닐까 생각하며, 바이올렛은 투투클락에 잠입해 증거를 모아

올 계획을 불독 국장에게 보고했다.

"바이올렛, 자네는 뛰어난 요원이 맞지만, 지금은 다른 요원들이 부재중인 상황이야. 만에 하나 사이즈가 큰 사건이라도 자네를 서포트할 여력이 없다는 이야기지."

"전 세계에서 동시다발적으로 일어나는 사건들 때문이죠? 사정은 충분히 이해하고 있어요. 그래서 이번엔 파랑이와 둘이서 움직이려고요."

"강파랑과 둘이서 작전을 진행하겠다고? 그러지 말고 일단 복귀한 뒤, 인적이 드문 밤 시간을 노리는 게 어떻겠나? 다른 요원들은 몰라도 스카우터 9은 곧 돌아올 것도 같은데……"

바이올렛의 옆에 찰싹 붙어 통화 내용을 듣고 있던 파랑이 자신 있는 목소리로 외쳤다.

"국장님! 저한테 엄청 좋은 아이디어가 있으니까 걱정하지 마세요! 그 방법을 쓰면 투투클락의 사장을 잡는 일은 식은 죽 먹기 보다 쉬울 걸요?"

"강파랑, 아직 투투클락의 사장이 주동자라고 확정된 게 아니야. 우리는 사건을 확실히 조사하기 위해 잠입하는 거라고."

바이올렛의 핀잔에 파랑의 입이 삐죽 튀어나왔다.

"눼이, 눼이~!"

"대답은 한 번만 하랬지?"

"뉘에에이이~ 알게쯤미다!"

파랑은 '세상은 규칙과 질서로 움직이지만, 타고난 천재들은 직감의 영역에서 움직이는 것을……. 안타깝구나, 이 세상이 나를 몰라줘!'라고 말하고 싶었지만, 그랬다간 바이올렛이 또 화를 낼 게 뻔했기에 '알았어. 무턱대고 사람을 의심하지 않을게.'라고 말하려고 마음먹었다. 하지만 안타깝게도…….

"아, 답답하다! 내 능력을 알지도 못하는 사람들 사이에서 정말로 외롭구나. 천재의 삶이란 이런 것이란 말인가!"

그만 속마음을 말하고 말았다.

"뭐? 천재? 능력을 몰라? 너 진짜 혼나고 싶니?"

이번에는 정말로 눈물이 쏙 빠지게 혼날 수도 있다는 위기감을 느꼈기 때문일까? 파랑은 전혀 당황하지 않은 척, 부리나케 뒷걸음질을 쳤다.

바이올렛은 고개를 절레절레 흔들곤 통화를 이어 나갔다.

"바이올렛, 투투클락의 사장이 주동자가 맞다고 해도 일단은 증거만 수집해 오는 게 어떻겠나? 둘이선 너무 위험해."

"알겠습니다. 가능하다면요!"

"이봐, 바이올렛! 이건 부탁이 아니라 국장이 하는 명령……"

바이올렛은 불독 국장의 뒷말을 듣지 않고 통화 종료 버튼을 눌렀다. 투투클락의 사장이 의심스러워도 확실한 증거를 확보하기 전까진 행동을 취해선 안 된다. 무고한 사람을 범죄자로 만들 수는 없기 때문이다. 하지만 증거를 찾았다면 어떨까?

"그때부턴 무고한 게 아니니까!"

바이올렛은 싱긋 웃으며 말했다. 이성적이고 냉철한 성격의 바이올렛이지만, 때로는 직감에 따라 움직이기도 했다. 이런 걸 보면 바이올렛이 질색하는 파랑의 성격이 누구로부터 왔는지 알 것도 같았다. 바이올렛은 멀찍이 떨어져 선 파랑을 향해 소리쳤다.

"강파랑, 셋 셀 동안 네 발로 와서 그 엄청 좋은 아이디어인지 뭔지를 설명할래, 아니면 내가 직접 널 잡아 와서 토해 내게 만들어 줄까?"

바이올렛이 말을 마치기 무섭게 파랑이 돌아왔다. 눈으로 보고도 믿기지 않는 엄청난 속도였다.

"다녀왔습니다!"

"오냐! 그래서 네 계획이 뭐라고?"

파랑은 지금 이 순간만을 기다린 사람처럼 진지한 목소리로 본인이 생각한 자칭 엄청 좋은 아이디어를 설명했다.

"우리 둘이서 잠입 수사의 꽃이라고 할 수 있는 변장을 하고 정문을 통해서 사장실까지 가는 거야! 생각해 봐, 우리의 목적은 최면 시계로 무슨 짓을 벌이려는지 밝혀내는 거잖아? 그걸 알려면 사장을 만나 직접 물어보는 게 제일 빠르지 않겠어?"

"퍽이나 들여보내 주고, 퍽이나 대답해 주겠다. 그치?"

"응, 당연하지! 어때? 이 몸의 아이디어가! 굉장하지? 그렇다고 반하면 곤란해~ 푸하하!"

쓸데없이 해맑은 파랑이었다. 하지만 곰곰이 생각해 보면 제법 그럴듯한 아이디어긴 했다. 적의 눈을 피해 손쉽게 적의 근거지에 침투할 수 있기 때문에 첩보 영화 속 스파이들도 그렇게 변장을 하는 것 아니겠는가?

"변장이라······. 정문을 지날 때까지는 괜찮을지도?"

"그렇지? 엄청 대단한 아이디어지?"

"그 정돈 아니고!"

"히잉······. 바이올렛은 너무 냉정해."

지금은 대낮, 수많은 사람들이 활발하게 활동하는 시간이다. 사람들이 많이 돌아다니면 그만큼 변수가 생길 확률이 크다는 뜻이니, 파랑의 말처럼 변장을 하고 당당하게 정문을 통과하는 게 나을 수도 있었다. 일단 들어가기만 하면 사장을 찾는 일쯤이야 따 놓은 당상이니까.

"사장실이 어디 있는지 정도는 조사하고 가야겠지?"

"조사를 왜 하냐? 사장이니까 맨 꼭대기 층에 있겠지. 드라마 좀 보라고, 바이올렛!"

"그런가? 그럼 일단 출발해 볼까?"

잠시 후, 투투클락 본사 앞에 선 파랑이 입을 크게 벌리며 말했다.

"우아~ 엄청 크네? 이게 바로 50층짜리 빌딩의 위엄?"

"그러게. 일단 들어가면 각자 움직이는 게 좋겠어. 그래야 더 많은 단서를 모을 수 있을 테니까."

건물이 넓으니 따로 조사하자는 어찌 보면 당연한 바이올렛의 말에 파랑은 뛸 듯이 기뻐했다.

"드디어 날 믿어 주는 거야? 그래! 혼자서도 잘하는 스스로 어린이가 바로 나, 강파랑이라고!"

근거 없는 자신감에 푹 빠진 파랑이 못 미더웠는지 바이올렛은 다시 한번 이번 작전에 대해 상기시켰다.

"강파랑, 우리는 누구? 여기는 무슨 일로 왔다고?"

"우리는 서문국민학교 어린이 기자단! 엄청 유명하고, 엄청 대단한 시계 회사 투투클락의 역사를 취재해서, 온 세상 어린이들에게 널리 알리기 위해서 왔지!"

"……그냥 시계의 역사를 조사하러 온 거야. 학교 숙제로!"

바이올렛은 파랑과 이야기를 할수록 불안해졌다. 그때, 정문을 지키던 경비원이 파랑과 바이올렛을 발견하곤 다가왔다.

"여기는 아이들이 오는 곳이 아니란다. 어른들이 일하는 곳이니 얼른 돌아가길 바란단다."

한 손에 길쭉한 진압봉을 든 커다란 덩치의 경비원은 무뚝뚝한 얼굴과는 어울리지 않는 미소를 지었다. 그래, 다 좋은데 저 사람 말끝마다 왜 단다~ 단다~ 하는 거야?

"안녕하세요. 저희는 시계의 역사를 취재하러 온 어린이 기자단인데요. 1층 로비에서 잠깐 사진만 찍고 가면 안 될까요?"

"미안하지만, 그럴 순 없단다."

경비원은 단 1초도 고민하지 않고 단번에 바이올렛의 부탁을 거절했다. 예상하지 못한 거절에 바이올렛이 잠시 멍하게 서 있는 사이, 파랑은 이 상황을 돌파할 수 있는 묘수를 생각⋯⋯해 냈다기보다는 그냥 떠오르는 대로 말을 뱉었다. 어차피 더 나빠질 것도 없는 상황이라고 판단했기 때문이다.

"사실 저희는 반짝반짝 찬란하게 빛나는 짱 멋진 시계 회사 투투클락의 역사를 취재해서 어린이 친구들에게 널리 알리기 위해서 왔어요. 또, 이번에 나온 양 모양 시계는 걸작 중의 걸작이라 우리나라, 아니 전 세계 어린이들에게 자랑하고 싶은 마음도 있고요!"

바이올렛은 어이가 없으면 헛웃음이 나올 수도 있구나 생각하면서 파랑을 흘겨봤다.

'하하⋯⋯. 역시 내 말을 귓등으로 들은 거 맞네, 강파랑.'

웬만해선 파랑의 입을 막을 수 없다는 사실을 다시금 깨달으며, 일단 돌아가는 척했다가 시간차를 두고 잠입을 시도해야겠다고 생각하는 바이올렛이었다. 한편, 파랑은 경비원이 잔뜩 인상을 쓰고 저를 향해 다가오자 흠칫했다.

'설마 정체를 들키기라도 했나? 그렇지만 내 임기응변은 아주 완벽했을 텐데?'

"나 역시도 그렇게 생각한단다. 우리 투투클락은 세계 최고의 시계 회사라고 할 수 있단다."

굳어 있던 파랑의 얼굴에 그럼 그렇지 하는 미소가 번졌다.

"그러면 우리 어린이 친구들에게 투투클락의 훌륭함을 전할 수 있도록 도와주실 건가요?"

"당연하단다. 너처럼 훌륭한 어린이라면 믿을 수 있단다. 자, 들어가도 좋단다."

'내가 말할 때는 안 된다며? 이렇게 쉽게 마음을 바꿔도 되는 거야? 심지어 황당무계한 소리였는데?'

경비원의 지나친 애사심이 수상했지만, 들어갈 수만 있다면 딱히 거절할 이유도 없다고 생각하는 바이올렛이었다.

"그런데 너무 늦게 나오면 안 된단다. 특별히 몰래 들여보내 주는 거니까 한 시간 안에 나와야 한단다."

경비원의 당부에 바이올렛이 걸어 들어가며 대꾸했다.

"한 시간이면 충분하니까 걱정하지 마세요!"

앞서 걷는 바이올렛과 그 뒤를 따르는 파랑을, 경비원은 빙그레 웃으며 응시했다. 어쩐지 그 미소가 의미심장해 보였다.

무사히 건물 안으로 들어온 파랑과 바이올렛은 슬쩍 자리를 옮겨 계단이 있는 비상구로 몸을 숨겼다.

"난 1층부터 꼭대기 층인 50층까지 계단으로 올라가면서 조사할 거야. 강파랑, 넌 가장 지하층으로 내려간 다음에 수상한 점이 없는지 확인하면서 올라오도록 해. 알겠지?"

"엥? 지하층부터 올라오라고? 힘들면 엘리베이터 타도 돼?"

"엘리베이터에서 이 회사 사람을 만나기라도 하면 그대로 쫓겨날걸? 1층부턴 내가 조사하니까 운동 삼아 계단을 걸어 올라오기만 하면 되는데 그게 힘들어?"

똑같이 고생한다고 생각하니……. 아니, 바이올렛이 조금 더 고생한다고 생각하니 한결 마음이 가벼워지는 파랑이었다. 불꽃 효자로구나, 우리 파랑이…….

"그런데 1시간 동안 50층을 몽땅 다 조사할 수 있겠어? 아무리 바이올렛이라도 그건 무리일 거 같은데."

"그게 바로 우리 요원들이 체력 훈련을 하는 이유란다. 시간 없으니까 서두르자!"

바이올렛은 파랑의 투정 섞인 걱정을 무시하곤, 한 시간이라는 제한 시간 내에 목적을 이루기 위해서 계단을 올랐다.

그리고 그런 두 사람의 모습을 지켜보는 누군가가 있었다. 거대한 모니터 너머로 은밀하게 지켜보는 누군가가 말이다.

두

둥

ㅋㅋㅋ

시궁쥐처럼 뛰어다니는 꼴이 아주 우습군.

그러게 말입니다요, 사장님!

"그러니까 저 녀석들이 MSG의 요원들이란 말이지?"

"그렇습니다요. 꼬맹이들이 얼마나 악독한지 말도 못 한다니까요!"

대화를 나누는 것은 크고 푹신한 의자에 앉아서 뒷모습만 보이는 한 남자와 아는 것이 없다고 주장하던 인형 탈이었다. 일개 아르바이트생이라는 그의 주장은 새빨간 거짓말이었던 것일까? 아직 진실을 알 수 없지만, 한 가지 분명한 사실은 인형 탈은 처음부터 파랑과 바이올렛이 MSG의 첩보 요원이라는 사실을 알고 있었다는 것이다. 그리고 이제 뒷모습의 남자도 두 사람의 정체를 알게 되었고 말이다.

CCTV 모니터 속, 파랑과 바이올렛은 이미 들켰다는 사실은 꿈에도 모른 채 건물 이곳저곳을 종횡무진 누비고 있었다.

끼이이익.

"드디어 맨 아래층 도착! 이제 뭐가 있나 한번 살펴볼까?"

파랑이 도착한 곳은 지하 10층이었는데, 아무리 지하라고 하지만 개미 한 마리도 보이지 않았다. 베테랑 요원이라면 충분히 의심할 만한 상황! 하지만 풋내기 요원인 파랑은 오늘따라 운이 좋다고만 생각할 뿐이었다.

"이 층은 아무래도 창고로 쓰나 본데?"

넓은 공간을 커다란 상자들이 가득 채우고 있었다. 어디서 본 건 많았던 파랑은 아무도 없다는 걸 뻔히 알고 있으면서도 앞 구르기를 하거나 상하좌우를 살피는 등 갖은 호들갑을 떨면서 상자로 다가갔다. 그리고 슬며시 상자를 열어 보자, 그 안에는…….

"어? 이건 내가 받았던 시계랑 똑같은 시계잖아?"

파랑이 받아 왔던 최면 시계와 똑같은 시계가 가득했다. 이 정도 양이라면 도시 하나쯤은 너끈히 최면에 빠뜨릴 수 있을 것 같았다.

"여기만 시계 창고로 쓰는 거겠지?"

예상보다 사태가 더 심각할 수 있음을 직감한 파랑이 무거운 얼굴로 중얼거렸다. 파랑은 서둘러 걸음을 옮겼다.

지하 9층 시계 창고, 지하 8층 시계 창고, 지하 7층 시계 창고, 지하 6층, 5층, 4층, 3층, 2층, 1층……. 지하 10층부터 지하 1층까지 모두 다 시계 창고!

지하층을 샅샅이 조사한 파랑은 생각했다. 이건 단서를 찾고, 말고 할 상황이 아니라 최대한 빨리 투투클락의 사장을 잡아서 목적을 알아내야 한다고!

"이럴 때가 아니야. 일단 바이올렛에게 연락부터 하고, 들키더라도 엘리베이터로 빠르게……"

그때였다. 파랑의 뒤에서 커다란 그림자와 함께 음산한 목소리가 들려왔다.

"미안하지만, 엘리베이터엔 암호가 걸려 있어서 너는 이용할 수 없단다."

"……경비원 아저씨? 아직 한 시간 안 지났는데 여기까진 어떻게 오셨어요?"

"난 아저씨가 아니라 형이란다. 그리고 지하에 가도 된다고 한 적은 없단다."

파랑은 자신들이 함정에 빠졌다는 사실을 깨달았다. 어쩐지 헛소리를 해도 들여보내 주더라니……. 그 말을 한 사람이 바로 자신이라는 사실은 머릿속에서 깔끔하게 지운 파랑이었다. 그리고 바로 그 순간!

파직. 파지직.

"나쁜 어린이는 벌을 받아야 한단다. 다시 말해 이제 벌을 받을 시간이란 말이란다."

경비원이 전기가 흐르는 진압봉을 손에 들고는 파랑에게 성큼성큼 다가왔다.

"저, 저기 그냥 넘어가 주실 순 없을까……요? 반짝반짝 찬란하게 빛나는 짱 멋진 시계 회사 투투클락의 경비원 선생님?"

"안 된단다."

"에이~ 이제 안 먹히네, 사람이 그렇게 막 태도를 바꾸면 안 돼요!"

 파랑이 툴툴거리거나 말거나 조금도 신경 쓰지 않는다는 듯 경비원이 파랑에게 달려들었다.

 "으아악! 일단 도망가자!"

 "도망갈 수 없단다."

 "그 말투 진짜 별로거든요! 저리 가요!"

1. 지오네 가족의 나이를 표로 정리했습니다. 온 가족 나이의 평균이 24라면 동생의 나이는 몇 살일까요?

가족	아빠	엄마	형	지오	동생
나이	45	44	13	11	

_____ 살

2. 세 가지 색으로 구성된 다트 판에 화살을 100번 던져 맞힌 횟수를 표로 정리했습니다. 일이 일어날 가능성이 표와 가장 비슷한 그림은 무엇일까요?

색깔	노란색	보라색	초록색
횟수	25	49	26

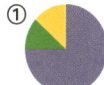 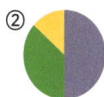 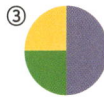 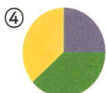 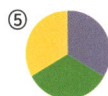

3. 일이 일어날 가능성을 판단한 뒤, 해당하는 번호를 빈칸에 써 보세요.

① 파란색 구슬 8개와 빨간색 구슬 2개가 들어 있는 주머니에서 구슬 하나를 꺼내면 파란색일 것이다.
② 오늘은 토요일이므로, 내일은 일요일일 것이다.
③ 내년 10월 셋째 주에는 일주일 내내 비가 올 것이다.
④ 주사위를 던지면 홀수가 나올 것이다.
⑤ 지금은 오후 3시이므로, 1시간 뒤에는 오후 5시가 될 것이다.

불가능하다	아닐 것 같다	반반이다	그럴 것 같다	확실하다

1. ㉠과 ㉡의 평균을 나타낼 때, '㉠★㉡'이라고 표현하기로 했습니다. 아래 식의 □ 안에 들어갈 알맞은 수를 구해 보세요.

$$10 ★ (\square ★ 11) = 12$$

2. 두 개의 상자에는 각각 10개의 구슬이 들어 있습니다. 왼쪽 상자에서 구슬 하나를 꺼낼 때, 꺼낸 구슬이 빨간색일 가능성은 1입니다. 두 상자의 구슬을 모두 합친 다음 구슬 하나를 꺼낼 때, 꺼낸 구슬이 빨간색일 가능성은 $\frac{3}{4}$입니다. 오른쪽 상자에서 구슬 하나를 꺼낼 때, 꺼낸 구슬이 빨간색일 가능성을 수로 표현해 보세요.

평균과 가능성 미션 클리어!

3장
당신이 왜 여기에?

"으아악! 그렇게 무서운 무기를 막 휘두르면 어떡해요!"

"거짓말을 하고 숨어든 나쁜 어린이한테는 이래도 괜찮단다. 아주 살짝 따끔하기만 할 뿐이란다."

"하나도 안 괜찮아! 하나도 안 따끔해!"

전기가 흐르는 진압봉을 휘두르는 경비원의 모습은 그 덩치만큼 위압적으로 보였다. 하지만 그렇다고 마냥 도망칠 수만은 없었다. 한시라도 빨리 저 무지막지한 경비원을 처리해야 했다.

시간을 지체한다면 바이올렛이 위험에 빠질 수도 있다고 판단했기 때문이다. 난 주인공이니까, 첩보 영화의 주인공이라면 이 상황을 어떻게 해결할까? 파랑은 골똘하게 생각했다.

"이런! 중요한 순간에 딴 생각을 하면 안 된단다."

파지지직.

"으갸갸갸갸걐!"

아주 살짝 스쳤을 뿐인데도 파랑은 온몸을 퍼덕거렸다.

"이건 너무하잖아, 아저씨! 어른이 어린이한테 이러면 안 되는 거 몰라?"

이 정도 공격쯤은 아무것도 아니라는 듯 장난스럽게 말했지만, 절체절명의 위기 상황에 부닥쳤음을 파랑은 실감하고 있었다. 엎친 데 덮친 격으로 공격을 받고 바닥을 구르면서 망가지기라도 했는지, 무전기를 아무리 눌러도 바이올렛은 응답하지 않았다.

"이제 다 끝났단다. 얌전히 항복할 일만 남았단다."

"이봐, 아저씨! 주인공이 쉽게 포기하는 거 봤어? 난 아직 멀쩡하거든!"

파랑은 아무렇지 않은 척 큰소리를 치며, 젖 먹던 힘까지 짜내 달아나야겠다고 마음먹었다.

"어른에게 반말을 하면 안 된단다. 버릇없는 아이는 혼나야

마땅하단다."

"그런 무시무시한 몽둥이를 휘둘렀으면서 지금까지 안 혼낸 척하시네! 아이고~ 이 아저씨, 뻔뻔한 것 봐라!"

풀썩.

주인공다운 패기로 마지막까지 경비원과 대적하던 파랑이 한순간 몸을 휘청거리며 바닥에 주저앉았다. 진압봉에 스친 대미지가 뒤늦게 파랑의 몸을 잠식한 것이다. 경비원은 널브러진 파랑을 손쉽게 포박했다.

"만화나 영화를 보면 조력자가 짠 하고 나타나서 구해 주던데 왜 아무도 안 오는 거야. 설마 나 주인공 아닌 거야? 그럴 리가 없는데……."

"하하하! 실망할 일이 아니란다. 누구나 자기 인생에선 주인공인 법이란다."

"아아악! 아저씨는 좀 조용히 하라고요!"

파랑을 완벽하게 제압한 경비원은 가뿐하게 파랑을 든 뒤, 어깨에 둘러메곤 엘리베이터를 향해 걸었다. 아마도 파랑을 투투클락의 사장에게 데려가려는 것 같았다. 파랑은 그렇다면 오히려 다행이라고 생각했다. 주인공답지 않게 고작 악당의 부하에게 붙잡힌 꼴이 우스웠지만, 사장을 만날 수만 있다면 더 빨리 이 상황을 정리할 수 있다고 판단한 까닭이었다.

'그래! 모로 가도 서울만 가면 된다고 좋게 생각하자! 엘리베이터 타고 쭉 올라가면 얼마나 편하고 좋아. 물론 그 전에 밧줄도 풀어야 하고, 이 아저씨도 해결해야 하고, 무전기도 고쳐야 하고, 또······.'

옴짝달싹할 순 없지만, 계획만은 거창한 파랑이었다. 그런데 엘리베이터 앞에 도착한 경비원이 막상 타라는 엘리베이터는 타지 않고 가만히 서 있기만 하는 것 아닌가.

"아저씨, 안 타고 뭐 해요?"

"······우리 같은 대기업은 보안이 철저하단다."

"뭔 소리래? 설마 비밀번호를 잊어버려서 못 타고 있다는 소리를 하는 건 아니죠?"

파랑이 던진 시답잖은 농담에 경비원이 치부라도 들킨 듯 화들짝 놀라서 대답했다.

"그, 그걸 네가 어떻게······?"

경비원의 대답을 들은 파랑이 더 깜짝 놀라 반문했다.

"설마가 사람 잡네! 세상에 건물 비밀번호를 까먹는 경비원이 어디 있어요?"

"그, 그게 우리 같은 대기업은 보안이······."

"그 얘긴 아까도 했잖아요! 그래서 비밀번호가 뭐냐고요?"

경비원은 말없이 비밀번호를 알 수 있는 암호를 보여 주었다.

그런데 이렇게 막 보여 줘도 되는 거 맞아?

"어……, 이건 그러니까 뭡니까요? 제가 숫자에 좀 약한 편이라 멀미가 날 것 같기도 하고……."

파랑은 경비원이 암호를 보여 준 이유를 알 것 같았다. 어차피 암호를 봐도 파랑은 모를 거라고 경비원은 판단한 것이다. 아니, 그런데 왜 하필 수학이야? 물론 영어나 과학이라도 모르는 건 마찬가지였겠지만, 수학은 왠지 더 싫단 말이야!

"난 답을 알고 있는데……, 분명 알았는데……, 정말 알고 있었다고!"

"아저씨, 갑자기 말투가 변했네. 알고 있었단다~ 해야 하는 거 아녜요? 이렇게 된 거 그럼 계단으로 가요. 진짜 힘들겠다, 물론 난 상관없지만요!"

"문을 열 때도 비밀번호가 필요하단다. 그리고 지하실 문도 아까 보니 닫혔던데, 아마 내가 아까 들어오면서 모르고 닫은 것 같단다……."

직접 보고, 들으면서도 믿기지 않는 상황에 파랑은 그만 얼이 빠지고 말았다.

"아니, 이 회사 정말 괜찮은 거 맞아요? 무슨 이런 경우가 다 있대?"

업계 2위에 빛나는 시계 회사의 철통 같은 보안은 같은 회사 직원에게도 예외는 아니었다. 문제는 한시바삐 투투클락의 사장을 잡아야 하는 파랑에게도 이 상황이 그리 좋지만은 않다는 사실이었다.

피유우우웅~ 퍼억!

바로 그때였다. 뒤통수로 날아와 꽂힌 무언가에 경비원이 억 소리 한번 내지 못하고 쓰러졌다.

"이 꼴을 보려고 지금까지 기다린 게 아닌데, 어쩔 수 없지."

경비원과 함께 바닥으로 나동그라졌던 파랑이 반가운 목소리가 들린 쪽을 향해 고개를 돌렸다.

"스카우터 9! 여긴 어떻게 왔어요?"

자신의 고유 무기인 뻐꾹이로 경비원의 뒤통수를 정확히 명중시킨 스카우터 9은 뻐꾹이에 입김을 불며 씩 웃었다. 파랑은 경비원의 마수에서 벗어났다는 사실에 안도하는 한편, 스카우터 9이 왜 이제서야 나타난 건지 살짝 화가 날 것 같기도 한 복잡한 마음이 들었다.

"복귀하자마자 병아리들끼리 투투클락에 잠입했다는 소식을 들었지. 아무래도 걱정돼서 짐도 못 풀고 달려와 보니, 이 경비가 수상하더라고. 그래서 미행했더니 파랑, 바로 네가 있었다. 그 뒤엔 뭐, 기회를 잠자코 엿보고 있다가 BANG! 대충 이렇게 된 거지."

엄청난 속도로 쉬지 않고 뱉어 내는 스카우터 9의 이야기를 들으며 파랑의 입이 쩍 벌어졌다.

"우아……. 래퍼세요? 쇼 미 더 머니 보는 줄. 아무튼 그러면 공격당하기 전에 좀 도와주시지."

"뭐? 무슨 머니라고? 아무튼 몰래 문도 닫고 들어왔겠다, 엘리베이터 작동시키면 나타나려고 했지. 그런데 비밀번호를 모르는 경비가 있을 줄은 나도 몰랐다."

스카우터 9은 본인 나름대로는 매우 간략하게 상황을 설명하곤 암호를 살피기 시작했다.

"으음. 간단한 문제인데 이걸 못 푸는 멍청이가 다 있군."

간단한 문제라는 스카우터 9의 말에 파랑은 쓱 고개를 돌린 뒤, 괜스레 애먼 벽만 뚫어져라 쳐다봤다. 저게 간단하다니 스카우터 9은 수학을 정말 좋아하는구나…….

"그런데 바이올렛은 어디 가고, 너 혼자 있어?"

"아, 맞다! 바이올렛은 지금 꼭대기 층으로 올라가는 중일 텐데요. 얼른 우리가 함정에 빠졌다는 사실을 알려 줘야 해요! 제 무전기는 고장이 난 거 같아요. 스카우터 9, 도와줘요!"

파랑의 부탁이 끝나기 무섭게 스카우터 9은 바이올렛과의 연락을 시도했다.

"바이올렛, 스카우터 9이다. 내 말 들리나, 바이올렛?"

"뭐예요. 왜 바이올렛이 대답을 안 하는 거죠?"

"……무전을 받지 않는군."

순간 파랑은 쿵! 하고 심장이 바닥까지 떨어지는 기분을 느꼈다. 설마 바이올렛에게 무슨 일이 생긴 건 아니겠지?

"이러고 있을 때가 아니에요. 빨리 가야 해요, 스카우터 9!"

"참착해. 급할수록 돌아가라는 말도 모르나, 꼬맹이?"

"다 알겠으니까 얼른 엘리베이터나 작동시키라고요!"

스카우터 9은 돌발 상황에서 가져야 할 요원의 마음가짐을 파랑에게 알려 주고 싶었지만, 새까맣게 빛나는 파랑의 눈을 보곧 조용히 암호를 해독하기 시작했다. 아직 갈 길이 먼 요원이라고만 생각했던 파랑이 내뿜는 기운이 꽤 매서웠기 때문이다.

암호는 생각보다 더 쉽게 풀렸다. 킬로미터와 미터가 고루 섞인 네 가지 수를 모두 같은 길이 단위인 미터로 바꾼 뒤, 가장 큰 수의 번호부터 차례대로 나열하면 됐기 때문이다. 스카우터 9가 비밀번호를 누르자 곧 엘리베이터 문이 열렸다.

"그나저나 너, 눈을 왜 그렇게 뜨냐? 상관한테 이래도 돼?"

"엄마가 위험할지도 모르는데, 스카우터 9가 자꾸 시간을 끄니까 그러죠!"

"엄마라고 부르는 걸 바이올렛이 싫어하는 걸 알면서도 계속 그러는 건 악취미 아닌가?"

"엄마를 엄마라고 부를 때마다 구박을 받다니! 나 실은 강파랑이 아니라 홍길동……. 아니, 강길동?"

파랑의 헛소리는 그나마 바이올렛이 잘 받아 줬는데……. 스카우터 9는 고개를 절레절레 저었다. 그나저나 도대체 무슨 일이 생긴 거야, 바이올렛?

이쯤에서 바이올렛에게 일어난 일이 궁금하다면, 잠시 시간을 앞으로 되돌려 보도록 하자.

파랑이 조심조심 맨 밑층을 향하고 있을 때, 바이올렛은 전광석화 같은 속도로 이동하고 있었다. 얼마나 빨랐냐면, 파랑이 경비원과 대치하던 그때 바이올렛은 이미 49층이었다. 말이 안 된다고? 바이올렛은 MSG 첩보국의 에이스 요원이라니까?

　50층을 코앞에 두고 잠시 멈춰 선 바이올렛이 품속에서 작은 위치 추적기를 꺼내 들었다. 위치 추적기를 작동시키자 빨갛게 불이 들어오더니 액정 화면의 화살표가 위층을 가리켰다.

　"역시 내 생각대로 인형 탈은 여기로 왔구나."

　바이올렛은 제대로 찾아왔다고 생각하며, 계단을 올랐다. 한 가지 이상한 점은 아무리 비상구 계단을 이용했다고 하더라도 여기까지 오는 동안 사람을 마주한 적이 없다는 사실이었다. 혹시 함정에 빠진 게 아닐까 의심하며 층층을 샅샅이 살폈지만, 특별히 수상한 점은 없었다.

　그렇게 50층에 도착한 바이올렛은 살금살금 사장실 문 앞으로 다가가 조심스레 손잡이를 돌려 보았다. 다행히 문은 잠겨 있지 않았고, 살짝 열린 문을 통해 바이올렛은 사장실 안으로 몰래 들어갈 수 있었다.

　'시계 회사 사장의 방이라 그런지 진짜 시계가 많네.'

　투투클락의 사장실은 한 층을 전부 사장실로 쓰는 듯 아주 넓었다. 또, 정면에 있는 커다란 양 모양 시계 아래에는 CCTV 모니터가 벽면을 가득 채우고 있었다. 바이올렛은 CCTV 모니터를 보고는 한숨을 쉬며 앞으로 걸어 나갔다.

바이올렛을 보는 투투클락의 사장과 인형 탈의 입가에 비웃음이 가득했다. 자신들은 이미 일거수일투족을 지켜보고 있었는데, 대단한 첩보 영화라도 찍는 양 슈슈슉 샤샤샥 움직이는 꼴이 퍽 우스웠기 때문이었다.

"쥐덫에 걸린 줄도 모르고 용쓰는 모습은 잘 봤다."

"어머나~ 우리 사장님! 비유하는 센스 예술이시다!"

"어쩐지……. 여기까지 오는 길이 너무 순조롭다 했어."

반쯤 기운이 빠진 바이올렛의 목소리에 두 사람은 약을 올리기라도 하려는 듯 더욱 크게 소리 내어 웃었다.

"혹시나 배후가 다른 사람일까 해서 위치 추적기를 붙여 놨는데 헛수고를 했네. 명백한 내 실수야, 풀어 주는 척하는 게 아니었는데."

"뭐? 날 일부러 풀어 줘……?"

인형 탈은 본인의 기지로 탈출한 게 아니라, 바이올렛이 생각한 경우의 수에 의해 풀려난 걸 알고는 불안해졌다.

"이 앙큼한 꼬맹이가! 함정에 빠진 게 부끄럽다고 괜한 거짓말하면 아주 혼날 줄 알아라!"

인형 탈은 상황을 모면하기 위해 바이올렛을 거짓말쟁이로 몰았다.

"언젠간 만나야 할 사이였으니, 위치 추적기를 달고 왔든 아니든 상관없다."

"역시 우리 오클락 사장님! 저 인형 탈은 방금 또 반했습니다요! 평생 동안 충성! 충성!"

투투클락의 사장인 오클락의 말에 인형 탈은 뭐가 그렇게 좋은지 호들갑스럽게 아양을 떨었다.

"하지만 이 정도 눈치도 없는 직원을 굳이 데리고 있을 필요는 없겠지."

"메에……엥?"

오클락이 손가락을 한 번 튕기자 사장실을 가득 채운 시계들이 일제히 알람을 울리기 시작했다.

삐비비비빅, 삐비비비빅! 위용, 위용! 뻐꾹, 뻐꾹! 일어나, 일어나! 따르르릉, 따르르릉!

"윽. 시끄러!"

사장실이 떠나가라 쩌렁쩌렁 울리는 시계 알람 소리에 바이올렛은 준비해 온 헤드폰의 소음 차단 버튼을 꾹 눌렀다.

"사장님! 귀가, 귀가 아픕니다요! 으아아아악! 제발 자비를 베풀어 주……."

양손으로 귀를 틀어막고 용서를 구하던 인형 탈은 얼마 못 가 바닥에 털썩 주저앉고는 그 이름처럼 정말 인형이라도 된 듯 침묵했다. 최면 시계는 공격적인 성향만 일깨우는 줄 알았는데, 지금의 최면이 다른 효과를 발휘한 이유는 알람 소리가 달라서일까? 그게 아니면 오클락은 최면을 자유자재로 쓸 수 있다는 뜻일까?

'뭐가 됐든 상당히 귀찮게 됐어.'

알람 소리가 멈춘 뒤에도 바이올렛이 침묵을 지키자, 오클락이 답답했던지 먼저 말을 던졌다.

"그래, MSG의 요원! 이쯤 되면 널 여기까지 오도록 내버려 둔 이유가 궁금하겠지?"

"당신……. MSG를 어떻게 알고 있는 거야?"

"질문은 이곳의 주인인 내가 하고, 손님은 대답을 하는 게 이치에 맞지 않을까? 그리고 말이야."

말을 마친 오클락은 또다시 손가락을 튕겼고, 그 모습을 본 바이올렛 역시 소음 차단 버튼을 눌렀다. 그런데 그 모습을 보고도 오클락은 빙긋이 웃고만 있는 것 아닌가?

'내겐 시계 최면이 통하지 않는다는 사실을 알고 있을 텐데……. 왜 저렇게 웃는 거지?'

오클락의 행동에 위화감을 느낀 바이올렛은 주위를 빠르게 살피기 시작했다. 그러다 문득 자신의 발밑에 어른거리는 누군가의 그림자를 발견했다. 조금도 망설이지 않고 앞을 향해 몸을 날린 바이올렛은 조금 전까지 자신이 서 있었던 자리를 돌아봤다. 그 자리엔 검은 양복을 입은 커다란 덩치의 남자가 삼단봉을 들고 서 있었다. 만약 피하지 않았다면 삼단봉이 바이올렛의 머리를 강타했을 것이다.

"오~ 용케도 피했구나. 내 손동작을 보고 시계 알람을 켠 줄 알았지? 하지만 아니지롱~ 부하들을 불렀지롱~!"

딱! 딱! 딱! 딱!

오클락은 양손을 번갈아 튕기며 신나게 외쳤다.

"왼쪽에서도 들어오시고, 오른쪽에서 들어오시고!"

오클락의 말소리에 맞춰 사방에 있는 문이 활짝 열리며, 우락부락한 남자들이 우르르 쏟아져 들어왔다.

"나 하나 잡겠다고 이렇게 많은 부하들을 모아 온 거야? 일대 다수라니……. 악당들은 왜 하나 같이 이렇게 비겁할까?"

악당이라는 말에 오클락의 미간이 꿈틀거렸다.

"악당? 내가 왜 악당이야! 1등 한번 해 보겠다는데, 정의를 지키겠답시고 그걸 방해하는 너희 같은 놈들이 악당이지!"

'이것 봐라? 악당이라는 단어 하나에 잔뜩 흥분하는 걸 보니 조금만 더 자극하면 다 불어 버릴 것도 같은데?'

하지만 바이올렛은 당장 처리해야 할 일이 있었다. 살기를 띤 채 바이올렛을 향해 달려오는 덩치들을 처리하는 것이 바로 그것이었다.

"자세한 이야기는 잠시 후에 나누자고!"

바이올렛은 후추가 가득 담긴 폭탄을 던지며 외쳤다.

"받아라, 슈퍼 스파이시 밤!"

퍼엉!

"쿨럭쿨럭! 이거 뭐야? 왜 이렇게 매워?"

"으아악! 내 눈!"

"흑흑! 눈물이 안 멈춰! 에취! 기침도 안 멈춰!"

슈퍼 스파이시 밤, 일명 후추 폭탄의 매캐함에 덩치들이 정신을 못 차리는 사이에 바이올렛이 또 다른 무기를 꺼내 들었다. 귀여운 외형과는 달리 강력한 위력을 자랑하는 곰돌이봉이었다.

바이올렛은 곰돌이봉을 신나게 휘두르며 슈퍼 스파이시 밤에 정신이 쏙 빠진 덩치들을 공격했고, 바닥을 나뒹구는 덩치들이 늘어날수록 오클락의 얼굴은 점점 잿빛으로 굳어갔다.

"비싼 월급 꼬박꼬박 받아 가면서 겨우 저런 꼬맹이 하나를 못 잡아? 이 쓸모없는 월급 도둑놈들아!"

휘리리릭.

바이올렛이 곰돌이봉을 집어넣으며 오클락에게 말했다.

"내가 강한 거니까 덩치 아저씨들 너무 나무라지는 마세요!"

"저런 놈들을 지금까지 믿고 있었다니……. 한심한 놈들."

"방해하는 사람도 없겠다, 이제 우리 대화 좀 나눠 볼까요? 지금 당신이 무슨 일을 꾸미고 있는지, 또 MSG는 어떻게 알고 있는지 등등! 난 궁금한 게 많아서 말이에요!"

눈 깜짝할 사이에 수십 명의 부하들을 모두 쓰러뜨린 바이올렛을 오클락이 힘으로 이길 수 있는 방법은 없어 보였다. 하지만 오클락은 순순히 물러날 생각이 없어 보였다.

"그래, 네가 강하다는 건 인정하지. 그런데 뭐 하나 잊어버린 게 있지 않아?"

"갑자기 무슨 소리를 하는 거야?"

오클락은 자신만만한 미소를 지으며 말했다.

"정말 몰라서 묻는 거야? 여기에 들어올 때는 너 하나가 아니라 둘이었잖아? 그런데 나머지 하나도 과연 너처럼 강한 녀석이었나?"

"……설마 파랑이를 어떻게 한 거야?"

승기를 잡았다는 듯 오클락은 키득키득 웃으며 의자로 되돌아가 앉았다. 그리고 품 안에서 회중시계를 꺼내 시간을 보며 말했다.

"아무리 강한 사람이라도 지켜야 할 게 있다면 약자가 되기 마련이지. 그게 소중하면 할수록 말이야."

"파랑이를 인질로 잡기라도 했다는 뜻이야……?"

바이올렛은 오클락의 부하들을 처리하느라 파랑을 까맣게 잊고 있었다는 사실을 깨달았다. 틈틈이 파랑의 안위를 살피지 못한 것을 후회하며, 애써 담담하게 바이올렛이 말했다.

"웃기지 마! 강파랑도 MSG의 요원이야. 그렇게 호락호락하게 당할 애가 아니라고!"

바이올렛이 부정하자 오클락이 CCTV 화면을 전환하는 버튼을 누르며 말을 이었다.

"속고만 살았는지 꼭 직접 봐야 믿는 애들이 있더라. 아까 잡히는 것까진 확인했고, 지금쯤 엘리베이터에 탔으려나."

오클락의 말이 끝나기 무섭게 띵! 하고 엘리베이터 도착음이 울렸다.

"오~ 마침 도착했나 보군!"

그리고 엘리베이터에서 내린 것은 오클락의 예상과는 달리 파랑과 스카우터 9이었다.

"아니……. 강파랑은 그렇다 치고, 스카우터 9이 왜 거기서 나와요?"

긴장이 풀렸는지 바이올렛이 힘없이 중얼거렸다.

"바이올렛, 괜찮아? 우리 함정에 빠졌어. 피해야 해!"

"이런 햇병아리 녀석아, 바이올렛이 이미 상황을 다 정리한 걸 보고도 모르겠냐?"

"그러게. 빨리 안 오고 뭐 했어?"

그 모습을 지켜보는 오클락은 더 이상 웃을 수 없었다. 수십 명의 부하들은 물론, 최강의 경비원까지 쓰러뜨리고 이제 자신까지 쓰러뜨리려는 두 명의 아이와 한 마리…… 오리가 무시무시한 괴물처럼 보였기 때문이다.

"자, 이제 대충 상황은 정리된 거 같으니까 일을 마무리하죠. 스카우터 9은 파랑이와 함께 오클락 일당들을 포박해 줘요. 그 동안 전 메인 컴퓨터에 접속해서 최면 시계와 관련된 데이터들을 카피할게요."

말을 마친 바이올렛은 오클락의 컴퓨터에서 모든 데이터를 복사하기 시작했고, 그에 뒤질세라 파랑과 스카우터 9도 오클락의 부하들을 한 명 한 명 포박해 나갔다. 그리고 오클락은 모든 것을 체념한 듯 가만히 앉아 침묵을 지키고 있을 뿐이었다.

'그나저나 아까 언뜻 듣기로는 1등이 되고 싶을 뿐이라고 했는데, 그게 이런 엄청난 일을 벌인 이유인가? 최면을 걸어서 시계를 더 사게 만들려고? 아니야, 최면에 걸리면 공격성이 나타나기도 했잖아. 그럼 도대체 무슨 이유 때문에……?'

바쁘게 마우스를 움직이면서도 바이올렛의 머릿속은 생각으로 가득했다. 하지만 아무리 머리를 굴려 봐도 오클락이 이런 일을 벌인 이유를 추측할 수 없었다.

"바이올렛, 왜 그래? 화장실 가고 싶어?"

"갑자기 무슨 소리를 하는 거야, 강파랑?"

"그치만 화장실이 급한데 멀어서 갈까 말까 고민하는 표정이었다고."

갑작스레 던진 파랑의 엉뚱한 물음에 바이올렛과 스카우터 9이 오클락에게서 잠시 눈을 떼고 말았다. 그래서 오클락이 회중시계를 꺼내 태엽을 감은 뒤, 버튼을 누르는 걸 막지 못했다.

"스카우터 9, 오클락이 무언가를 하려고 해요! 막아요!"

바이올렛의 다급한 외침에 스카우터 9이 뻐꾹이를 꺼내 들려는 바로 그 순간, 오클락이 또다시 최면을 발동시켰다.

두우우우웅~ 메에에에에에에엥!

"최면이야! 모두 귀를 막아!"

파랑 일행은 최면을 피하기 위해 급하게 헤드폰을 썼다. 그 와중에 바이올렛은 묵직하게 울리는 시계 알람 소리에서 묘한 이질감을 느꼈다.

"그런데 스카우터 9, 아까와는 조금 다른 것 같아요."

"다르다고? 뭐가 어떻게 다르지?"

"아까는 이 방의 모든 시계가 다 울렸는데, 지금은 하나만 울리고 있어요. 저 커다란 시계, 단 하나만 말이에요!"

시계는 크기가 큰 만큼 알람 소리도 대단해서 건물이 흔들릴 정도였다. 그리고 그 소리에 반응이라도 하듯, 인형 탈을 비롯한 오클락 일당들이 묶여 있던 밧줄을 풀며 좀비처럼 비척비척 몸을 일으켰다.

"잘 몰라서 그러는데요, 정신을 잃고 쓰러진 사람도 최면에 걸릴 수 있어요?"

역시나 궁금한 게 많은 파랑이 황당한 표정을 지으며 스카우터 9에게 물었다.

"나도 잘은 모르겠지만, 일단 저 녀석들은 최면에 걸린 것 같구나."

"걱정 마, 강파랑! 나 혼자서도 쓰러뜨렸던 녀석들이니까 우리 셋이라면 더 빨리 해치울 수 있을 거야!"

바이올렛의 말에 오클락이 또다시 키득키득 웃었다. 조금 전 망연자실했던 모습은 까맣게 잊은 듯 여유를 되찾은 모습이 얄밉기까지 했다.

"안타깝게도 큰 착각을 하고 있구나. 최면에 걸린 사람은 상상도 하지 못할 만큼 강해질 수 있단다."

"얼마나 강해지는데요?"

파랑이 오클락에게도 어김없이 질문을 하자, 스카우터 9이 파랑을 나무랐다.

"물어본다고 순순히 대답을 해 주겠냐?"

"평소에 사용하는 힘을 100이라고 한다면, 최면에 걸린 사람은 150 이상의 힘을 끌어낼 수 있지."

"어라? 대답 감사합니다."

무슨 악당이 저렇게 대답을 다 해 주는지……. 실은 최면 효과를 자랑하고 싶었던 게 아닐까? 파랑은 머쓱하게 인사를 한 뒤, 자세를 잡았다. 감사는 감사고, 할 일은 해야 하니까.

"자, 지금부터 2라운드 시작이다!"

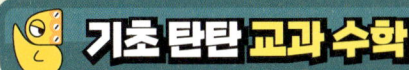 

1. 2024년 대한민국의 예산은 약 <u>육백삼십팔조 칠천억</u> 원입니다. 밑줄 친 금액을 숫자로 나타내 보세요.

2. 다음 중 0의 개수가 가장 많은 숫자는 무엇일까요?

① 오십팔억　　② 삼백이십억　　③ 육백억
④ 사천억　　　⑤ 구천팔십억

3. 지구에서 각 행성까지의 거리는 다음과 같습니다. 먼 행성부터 차례대로 이름을 써 보세요.

> **보기**
> 수성 91688973km　　화성 78941177km
> 목성 628949177km

➡　　　➡

실력 쑥쑥 사고력 수학

1. 여덟 자리 수 ㉠㉡169528의 천만의 자리 숫자와 백만의 자리 숫자를 바꿔 썼더니, 처음 수보다 1800만이 더 커졌습니다. ㉠과 ㉡의 합이 10일 때, 처음 수를 구해 보세요.

(단, ㉠은 천만의 자리, ㉡은 백만의 자리 숫자이고, ㉠과 ㉡은 서로 다른 숫자입니다.)

2. 1부터 6까지 새겨진 주사위 다섯 개를 동시에 던져서 나온 눈의 수로, 다섯 자리 수를 만들려고 합니다. 만들 수 있는 다섯 자리 수 중 스무 번째로 작은 수를 구해 보세요.

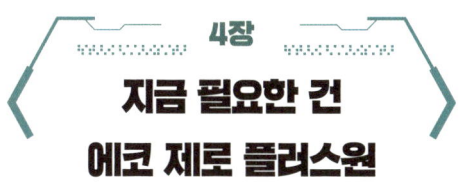

4장
지금 필요한 건
에코 제로 플러스원

"우어어어어억!"

최면에 걸린 인형 탈과 덩치들이 괴성을 지르며 파랑 일행에게 달려들었다. 좀비처럼 이리 흔들, 저리 흔들 하긴 했지만 실로 엄청난 속도였다.

"바이올렛, 설마 나도 아까 저랬어? 나 왠지 부끄러워……."

"넌 저 정도는 아니었어."

"정말? 내가 좀 더 나았어?"

바이올렛의 영혼 없는 위로에 금세 기분이 좋아진 파랑이었다. 그런데 쟤네는 왜 저렇게 사납게 달려드는 거야? 꿈에 나올까 봐 무섭다.

콰사삭.

최면에 걸린 덩치 하나가 날린 주먹 한 방에 단단한 대리석 기둥이 움푹 패었다. 저거 제대로 맞으면 그대로 끝나겠는데?

바이올렛은 어떻게 저런 녀석들을 쓰러뜨린 거지? 앞으로 바이올렛을 조금만 놀려야겠다고 다짐하며, 파랑은 최선을 다해 도망 다녔다.

"최면 어쩌고 하는 게 괜한 허풍이라고 생각했는데 정말 대단한걸?"

"지금 감탄하고 있을 때가 아니거든요!"

바이올렛은 스카우터 9에게 오클락의 부하들은 본인이 맡을 테니, 오클락을 제압해 달라고 요청했다. 첩보 요원으로 활동하면서 승기를 잡는 가장 빠른 방법은 우두머리를 잡는 것이라는 걸 경험으로 체득했기 때문이었다. 그런데 우두머리인 오클락의 상태가 좋지 않아 보였다.

"근데 저 아저씨……, 왜 갑자기 눈을 저렇게 뜨지?"

"으르르…… 크극……. 이게 왜……? 설마 나도 최면에…… 걸린 거야?"

"최면? 아니, 아저씨가 최면에 걸리면 어떡해요?"

파랑은 이 상황이 도무지 이해가 되지 않았다. 자기가 판 함정에 빠진 악당이라니……. 당황한 것은 바이올렛 역시 마찬가지였다.

"최면을 풀 수 있는 사람도 상태가 영 말이 아닌데. 그럼 이제 어떻게 해야 하지?"

"그어어어억!"

잠시간의 여유도 두고 보지 않겠다는 듯이 덤벼드는 덩치들을 보며 바이올렛은 생각했다. 적들과 대적할 수 있는 건 자신과 스카우터 9, 단 둘뿐이고, 파랑이 저들을 상대하는 건 아직 무리라고. 그렇다면…….

"강파랑! 우리가 녀석들을 상대하는 동안 넌 저 커다란 시계를 정지시켜 봐!"

"시계를? 내가? 그건 뭐 어떻게 하면 되는……."

"뭐라도 해 봐! 너도 MSG의 요원이잖아!"

바이올렛의 따끔한 일갈에 전의를 불태우는 파랑이었다. 어떻게 하면 좋을지 아직 전혀 감은 오지 않지만, 일단 불태우기는 했다.

"그래 봤자 시곈데 별거 있겠어? 일단 가 보자고!"

스스로에게 하는 다짐에 가까운 말을 내뱉은 뒤, 파랑은 스케이트보드를 타고 질주했다. 최면에 걸린 덩치들을 상대하는 건 바이올렛과 스카우터 9이지만, 그렇다고 적들이 쉽게 길을 비켜 줄 리가 없었으므로 파랑은 묘기에 가깝게 스케이트보드를 타야만 했다.

"으잇차! 피했죠? 허잇차! 또 피했죠? 에베베베! 응, 못 잡았죠? 짜증나죠?"

파랑은 커다란 시계를 향해 거침없이 나아갔다. 입도 쉬지 않아서 문제였지만······.

"······꼭 저렇게 떠들면서 가야 할까?"

"그러게 말이에요. 뭘 해 보기도 전에 기운 다 빠지겠다."

스카우터 9과 바이올렛은 파랑의 태도를 지적하면서도 할 일은 제대로 하고 있었다. 그게 무슨 소리냐고? 고삐 풀린 망아지처럼 날뛰는 적들을 열심히 때려눕히고 있다는 이야기다. 쓰러뜨리고 쓰러뜨려도 또 일어나는 게 문제였지만 말이다. 물론 파랑의 상황도 만만치는 않았다. 파랑을 향한 오클락의 공격이 시작된 것이다.

슈우우우욱!

마치 지네처럼 꿈틀거리는 기다란 강철 촉수가 살벌한 소리를 내며 파랑의 머리카락을 스쳤다.

"으악! 진짜 위험했다! 그나저나 저게 뭐람?"

완전히 최면에 걸린 오클락은 끝부분이 뾰족한 세 갈래 집게 모양인 강철 촉수가 여러 개 달린 기계식 팩을 장착하고는 놀랄 만큼 빠른 몸놀림으로 파랑 일행을 위협하고 있었다. 여러 갈래로 뻗어 나간 강철 촉수는 오클락이 빠르게 움직일 수 있도록 돕는 동시에 공격도 할 수 있게 해 주었다.

"와······. 완전 대단하다!"

"저런 걸 만들 기술력이 있는데 왜 투투클락은 2등인 거지? 그럼 1등은 뭐 얼마나 대단하단 거야?"

"크아아아아앙!"

최면에 걸렸는데도 2등이라는 소리는 들렸는지 오클락은 더욱 사납게 날뛰었다. 그런데 2등이 도대체 어때서! 전국에서 2등인데, 그게 얼마나 대단한 거냐고!

오클락은 바이올렛을 향해 강철 촉수 하나를 힘껏 뻗었다. 바이올렛은 살짝 허리를 굽혀 피했다. 이번에는 스카우터 9을 향해 강철 촉수 하나를 휘둘렀다. 스카우터 9 역시 가볍게 점프해 피했다. 오클락은 공격하고, 공격하고, 또 공격했다.

"대단한 무기를 가진 것치곤 스킬은 별로군."

"저 사람 그냥 시계 회사 사장이잖아요. 우리는 세계 최고 수준의 요원이고요."

오클락은 천지를 분간하지 못하고 날뛰기만 했다. 가끔 자신의 부하들도 공격하면서 말이다. 하지만 오클락이 이렇게 날뛰고 있다 는 것은 바이올렛과 스카우터 9도 피하기만 할 뿐 오클락을 제압하지 못하고 있다는 뜻이기도 했다. 상황이 지지부진하게 흘러가고 있을 때, 바이올렛에게 무전 한 통이 도착했다. 불독 국장이었다.

"바이올렛! 들리나, 바이올렛?"

"국장님? 그보다 제 생각이 맞았어요. 투투클락의 사장 오클락은 최면 시계를 이용한 무언가를 계획하고 있었습니다!"

"역시나 그랬군. 그와 관련해 요원들이 정보를 보내왔다."

"코드네임 R과 I가요? 스카우터 9은 별말이 없던데요."

"난 현지에 도착하자마자 돌아왔다. 예감이 안 좋기도 했고, 바이올렛, 네가 있어도 파랑이는 영 걱정됐거든."

한가롭게 대화하는 것 같지만, 잊지 말자. 지금 이들은 최면에 걸린 수십 명의 적과 싸우면서 대화를 나누는 중이다. 그 모습을 멀찍이서 지켜보는 우리의 파랑은……

"난 힘들어 죽겠는데 저 둘은 뭐가 저렇게 여유로운 거야?"

오클락의 강철 촉수와 좀비 같이 달려드는 덩치들은 피하느라 무척 힘들어 보였지만, 어찌 됐든 커다란 시계 앞에 도착하긴 했다.

"일단 오긴 왔는데 이걸 어떻게 멈추지?"

짧은 시간 생각을 마친 파랑은 기계가 내 마음 같지 않을 때 쓸 수 있는 가장 대중적인 방법을 사용하기로 마음먹었다.

퍽! 퍽! 딱콩!

기계가 고장 났을 때는 일단 때려 보는 게 바로 그 방법! 파랑은 주먹, 스케이트보드, 가끔은 단단한 머리를 이용해 시계를 두들겼다. 그리고 그 행동에 오클락이 반응했다.

"으어어어엉!"

"어? 왜 또 나한테 와? 저리 가! 훠이~ 훠이~!"

"어서 피하기나 해라, 파랑! 오클락은 가란다고 가질 않아!"

"그걸 누가 몰라서 이래요?"

오클락의 강철 촉수들이 쉴 새 없이 파랑에게 날아들었다.

슈아아아앙~ 퍼퍽! 쉬이이이잉~ 콰앙!

간신히 공격을 피하긴 했지만, 파랑은 누가 봐도 위태로워 보였다. 그 와중에 오클락의 강철 촉수 중 하나가 커다란 시계를 강타하기도 했으나, 시계엔 자잘한 흠집만 생겼을 뿐이었다. 저건 뭐 비브라늄으로 만들기라도 한 거야? 왜 저렇게 멀쩡해?

"바이올렛! 이건 알고 있어야 할 것 같아 말하는 건데……."

"파랑을 도우러 가야 하니까 얼른 말해 주세요, 국장님!"

"아무래도 최면 시계를 만든 궁극적인 목적은 MSG 공격에 있는 것 같다."

"그게 무슨……?"

"최면에 걸린 수많은 시민들이 엄청난 기세로 MSG를 향해 몰려오고 있어."

불독 국장은 입수한 정보를 빠르게 전달하기 시작했다. 태평양의 폭탄 제조법이 전달된 곳도, 유럽의 생화학 무기 제조법이 전달된 곳도 모두 투투클락이라는 정보였다.

멀리 떨어져 전혀 연관된 게 없어 보이는 두 사건 사이에는 한 가지 공통점이 있었는데, 바로 어떤 남자가 나타나 연결 다리 역할을 했다는 것이었다.

"그자에 대한 정보는 아직 파악하지 못했지만, 우리를 노리는 자가 그자라는 건 기정사실인 것 같다."

"배후가 따로 있다고요? 그럼 오클락은 뭐죠……?"

"최면 시계를 만들어 퍼뜨린 건 맞지만, 단순 가담자에 가까운 것 같다. 그자의 하수인인 셈이지."

"어쩐지 최면에 걸린 게 이상하다 했어요. 그럼 지금부터 저희는 뭘 해야 하죠?"

주동자가 따로 있다는 예상하지 못한 상황에 바이올렛이 당황한 듯 머뭇거리자, 불독 국장이 MSG 첩보국의 국장답게 재빨리 상황을 정리했다.

"오클락이 최면에 걸렸다고? 그러면 일단 제정신으로 돌린 뒤, 시민들을 최면에서 깨우는 법을 알아내는 게 급선무일 것 같구나. 그런데 빨리 움직여야 할 것 같다. 상황이 좀……."

치직. 치지직.

MSG 첩보국의 상황은 생각보다 더 심각한 것 같았다. 그렇다면 지금부터 바이올렛 일행이 해야 할 일은 무엇일까?

바이올렛은 빠르게 계획을 세웠다.

> 1단계. 마구잡이로 덤벼드는 적들을 피해 오클락을 잡는다.
> 2단계. 오클락을 제정신으로 돌려놓는다.
> 3단계. 오클락에게서 최면을 깨우는 방법을 알아낸다.
> 4단계. 해당 방법을 불독 국장에게 전달하고, 겸사겸사 진짜 배후가 누군지도 밝혀낸다.

"스카우터 9, 우리가 할 수 있겠죠?"

바이올렛의 물음에 스카우터 9은 쉽사리 답하지 못했다. 예상되는 난관 앞에 말을 잃은 둘 사이로 무거운 공기가 흘렀다. 그 분위기를 깬 건 파랑이었다.

"나 좀 도와줘, 바이올렛! 으아아악!"

짧은 훈련이었지만, 게으름을 피운 건 아닌지 파랑은 오클락의 공격을 제법 잘 피하고 있었다. 안간힘을 쓰는 파랑을 보며, 바이올렛과 스카우터 9은 다시금 전의를 불태웠다. 햇병아리도 저렇게 열심히 하는데 선배로서 모범을 보여야지!

"그러려면 일단 이 녀석들을 해치워야 하는데……."

선배다운 모습을 보이려면 쓰러지고 또 쓰러져도 오뚝이처럼 일어나 덤벼드는 수십 명의 적들을 물리쳐야 했다.

"스카우터 9, 이럴 때 쓸 만한 아이템 없을까요?"

"그런 아이템 같은 게 있을 리가······."

"역시 없겠죠?"

"있다!!!"

스카우터 9의 자신만만한 대답에 바이올렛의 얼굴에 화색이 돌았다.

"있다고요? 그게 뭔데요?"

"아주 간단한 방법이 있었는데 괜히 복잡하게 생각하고 있었군. 나만 믿어라, 바이올렛!"

주거니 받거니 대화를 나누는 둘의 모습을 멀리서 지켜보던 파랑이 꽥꽥 소리를 질렀다.

"뭔지는 몰라도 빨리해요! 이러다 나 진짜 죽는다고!"

불리하게 돌아가는 상황을 반전시킬 아주 간단한 방법이 있다는 건 반가운 소식임이 분명했다. 스카우터 9은 준비를 할 동안 시간을 벌어 달라고 요청했고, 바이올렛에게 그 정도는 문제가 아니었다. 파랑에게는 어떨지 모르겠지만······.

한편, MSG 첩보국의 상황은 급박하게 돌아가고 있었다.

"국장님, 지시하신 대로 바리케이드를 쳐서 시민들의 접근을 막았습니다만······, 얼마나 버틸 수 있을지는 장담할 수 없습니다. 정말 이걸로 괜찮을까요?"

현 상황을 보고하는 푸들 비서의 얼굴에 근심이 가득했다.

"무고한 시민들을 다치겐 할 수 없으니 다른 방법이 없지 않나. 그보다 저들이 우리 위치를 어떻게 찾았는지 알아냈나?"

"강파랑 요원이 가져온 시계에서 강력한 신호가 송출되고 있었다고 합니다. 최면에 걸린 시민들은 그 신호를 따라 이곳까지 온 거고요."

"……그렇다면 시계를 파괴하면 돌아가지 않을까?"

실낱같은 가능성에 희망을 걸어 보는 불독 국장이었다.

"안타깝지만 회의적입니다. 이미 목적지에 대한 정보가 입력돼서, 시계를 파괴한다고 해도 정해진 행동은 변하지 않을 것 같다는 것이 기술부의 의견입니다. 그리고……."

"불안하게 왜 말을 하다 말고 그러나, 푸들 양."

"시계에는 태평양과 유럽에서 각각 개발 중이던 무기들이 내장되어 있다고 합니다. 나노 크기로 응축되어 있지만, 그 파괴력이라면 이곳은 물론, 도시 전체가 파괴될 수도 있어요."

"맙소사……!"

산 넘어 산이라고 밖에 표현할 수 없는 상황이었다. 한 가지 다행인 점은 MSG 첩보국으로 들어오는 입구가 하나뿐이라는 사실이었다. 최면에 걸린 시민들이 벌 떼처럼 몰려와도 MSG는 막아낼 수 있으리라. 좁은 입구에 트랩 몇 개만 설치해도 간단히 해결될 문제 아니겠는가? 다만, 그렇게 막아 내야 하는 대상이 아무것도 모른 채 최면 놀음에 휘둘리고 있는 시민들이란 사실이 문제였다. 무고한 시민들을 공격하게 되는 상황만은 어떻게든 피해야 하는데…….

"무슨 일이 있더라도 시민들은 다치게 해선 안 돼!"

"저도 같은 생각입니다."

"그렇다면 이제 믿을 건 바이올렛 밖에 없군. 지금으로선 그 친구가 한시라도 빨리 최면을 풀어 주기만을 기다리는 것 말곤 딱히 방법이 없으니까."

불독 국장은 왔다 갔다 걸음을 옮기며 차오르는 초조함을 숨기려고 했다.

그렇다면 같은 시간, 바이올렛은 무엇을 하고 있을까?

"우어어어어억!"

마구잡이로 달려드는 적들을 상대하며 바이올렛이 외쳤다.

"스카우터 9, 아직 멀었어요?"

스카우터 9이 좋은 수가 있다고 큰소리를 치곤 구석에 숨어 꾸물거리고 있는 동안, 스무 명도 넘는 덩치들을 쓰러뜨린 바이올렛이었다. 하지만 바이올렛이 제아무리 MSG 첩보국의 에이스 요원이라고 해도, 몇 번이고 다시 일어나 공격하는 덩치들을 혼자서 상대하는 건 버거운 일이었다. 저기 봐라, 방금 쓰러진 녀석 또 벌떡 일어나잖아! 진짜 에너자이저야, 뭐야?

"우아아아아아악!"

"나 좀 힘든데 이제 제발 쓰러져 주면 안 될까?"

바이올렛의 넋두리에 스카우터 9이 답했다.

"그 소원, 이 몸이 들어주마!"

"스카우터 9, 드디어 준비가 끝났군요!"

도대체 어떤 비장의 아이템을 준비했을까, 스카우터 9을 보는 바이올렛의 두 눈에 반짝반짝 기대감이 어렸다. 막상 꺼내 든 아이템을 보곤 곧바로 주먹이 쥐어졌지만. 스카우터 9이 아니라 파랑이었다면 분명 한 소리 들었을 것이다.

"이걸로 말하자면 바로 에코 제로 플러스원이다!"

이름만 들으면 휘황찬란한 게 제법 그럴듯해 보이지만 실상은……

"그냥 솜뭉치잖아요. 이걸 준비하는 데 시간이 그렇게 걸렸다고요?"

딱딱하게 굳은 얼굴만큼 딱딱한 목소리로 바이올렛이 스카우터 9에게 말했다.

"바이올렛, 일단 진정하고 들어 봐. 최면은 공기를 매질로 하는 고유 음파를 이용하잖아? 특정 코드를 지닌 음파가 고막에 진동을 주고, 그 영향이 뇌에 호르몬을 분비……"

"잠깐! 그거 과학적으로 증명된 거 맞아요? 엄청 복잡하게 말하는데, 그냥 안 들리게 하면 된다는 소리 아닌가?"

"나 같은 일류는 감으로 움직이지. 과학적으로 어떤지는 사실 잘 모르겠고, 아무튼 내 말이 맞아!"

'하긴 파랑이도 알람 소리가 멈추자 제정신으로 돌아왔었지. 지금 우리 셋도 헤드폰을 써서 최면에 걸리지 않았고!'

생각을 마친 바이올렛은 에코 제로……. 아니, 그냥 솜뭉치를 잔뜩 챙겨 들곤 적들을 향해 달려 나갔다. 이 이상 시간을 끌었다가는 파랑이 정말 위험에 처할 수도 있었기 때문이다.

이 녀석 귓속에 쏙! 그리고 펀치!

저 녀석 귓속에도 쏙! 그리고 킥!

지독하게도 끈질겼던 덩치들이 하나둘 종이 인형처럼 쓰러지기 시작했다.

털썩. 콰당. 철퍼덕.

바이올렛은 너른 사장실을 번개처럼 누비며 빠르게 적들을 정리했다. 솜뭉치를 꽂아 소리를 차단한 뒤, 주먹을 날리자 덩치들은 속절없이 쓰러졌다. 사실 기운이 남아 있어도 다시 일어나고 싶지는 않았을 거다. 최면에 걸려 몇 번이고 다시 일어나는 바람에 여러 차례 흠씬 두드려 맞은 덩치들의 얼굴은 이미 울긋불긋하게 물들어 있었으니까. 몇 분도 안 되는 사이에 바이올렛은 남아 있던 마지막 한 명, 인형 탈까지 쓰러뜨렸다.

"이번에야말로 다 해치운 건가?"

쥐 죽은 듯 널브러진 적들을 살피며 바이올렛이 나직하게 중얼거렸다. 청력은 또 어찌나 좋은지 바이올렛의 혼잣말을 들은 파랑이 화들짝 놀라 외쳤다.

"바이올렛, 그런 말은 함부로 하면 안 돼!"

"그게 무슨……. 파랑아!"

바이올렛의 말을 듣고 느낀 파랑의 불길한 예감은 결국 현실이 되고 말았다. 요리조리 잘 피해 다니던 파랑이 결국 오클락에게 사로잡히고 만 것이다.

"그러게 해치웠나? 같은 얘기는 함부로 하면 안 된다니까! 자매품으로 끝났나? 마무리했나? 기타 등등도!"

"강파랑, 넌 이 상황에서도 농담이 나와?"

"이게 왜 농담이야? 나 완전 진지하거든?"

말다툼이나 하고 있을 상황이 아닌데도 한 치의 양보도 없이 으르렁거리는 파랑과 바이올렛을 보며, 오클락도 어이가 없는지 어색하게 서 있었다. 최면에 걸려 제정신이 아닌데도 분위기를 잘 읽는 걸 보면 큰 회사의 사장은 뭐가 달라도 다른가 보다. 역시 업계 2위도 그냥 하는 게 아니라니까.

하지만 파랑과 바이올렛 역시 세계 최고 수준을 자랑하는 MSG 첩보국의 요원이었다. 그건 스카우터 9도 마찬가지! 파랑과 바이올렛이 뜬금없는 타이밍에 말다툼을 한 것에는 이유가 있었다. 두 사람이 오클락의 시선을 끄는 사이, 스카우터 9이 오클락의 뒤를 급습해 목덜미를 붙잡는 데 성공한 것이다.

"드디어 잡았다!"

"우어어어엉?"

오클락에게서 풀려날 수 있다는 생각에 신난 파랑이 말했다.

"역시! 스카우터 9이라면 설명하지 않아도 우리 의도를 알아차릴 거라고 믿었어요!"

"베테랑들은 눈빛만으로도 통한다고 하지. 강파랑, 너도 이번엔 꽤 하던걸?"

스카우터 9에게 뒤를 내준 오클락은 덫에 걸린 짐승처럼 거칠게 몸부림치기 시작했다.

"우어어! 으아어어어!"

"얌전히 있어! 지금 최면에서 깨어나게 해 줄……. 어라?"

성난 황소처럼 날뛰는 오클락을 붙잡았으니 이제 귀를 막아서 최면을 풀기만 하면 되는데, 웬일인지 스카우터 9은 어떤 행동도 취하지 않았다. 오클락의 강철 촉수 하나에 사로잡혀 이리저리 공중을 떠다니던 파랑이 답답함에 소리쳤다.

"스카우터 9, 귀 안 막고 뭐 하고 있어요?"

"그게 말이야……. 에코 제로 플러스원을…… 다 썼네?"

파랑은 너무나도 황당했다.

"그걸 계산 안 하고 있었다고요? 베테랑이라며, 무슨 베테랑이 이래요!"

"미, 미안……. 으아악!"

"크하하하학!"

자신의 뒤를 노린 스카우터 9이 별다른 행동을 취하지 않자, 오클락이 괴성을 지르며 날뛰기 시작했다. 오클락이 내는 소리가 묘하게 비웃는 것처럼 들려서 파랑은 그게 좀 거슬렸다. 왜 저렇게 웃는 거야? 우리 아직 진 거 아니거든! 아직 바이올렛이 남아 있거든!

"바이올렛, 어떻게 좀 해 봐!"

"글쎄. 어쩌면 좋지?"

파랑의 말에 바이올렛은 난색을 표했다.

"미안하다. 강파랑, 바이올렛……."

얼마 버티지 못하고 오클락에게서 나가떨어진 스카우터 9이 파랑과 바이올렛에서 다시 사과했다. 잘난 척은 잘난 척대로 했으면서……. 사과만 하면 다냐! 대왕 실망이야!

"그나저나 시간이 없다, 바이올렛! 오클락을 제압하지 않으면 파랑은 둘째 치고, MSG 첩보국이 위험할 수도 있다!"

"아니, 잠깐만요! 왜 난 둘째 치는 건데! 따지고 보면 이게 다 스카우터 9 때문이잖아요!"

따지자면 스카우터 9의 탓은 아니지만, 상황을 마무리할 수 있는 좋은 기회를 스카우터 9이 날린 것도 사실이긴 했다. 그러게 아이템은 최대한 많이 만들었어야지……

"뭐가 됐든 일단 해 보자고요. 오클락 하나만 막으면 되니까, 우리 둘이서 해낼 수 있을지도 몰라요!"

"그래, 입으로만 떠들어 봤자 변하는 건 없으니까."

바이올렛은 곰돌이봉을, 스카우터 9은 뻐꾹이를 들고서 오클락에게 다가갔다. 더 이상 지체하기엔 시간이 없었기에 바이올렛과 스카우터 9은 무기를 사용해서 총력전을 벌이기로 마음먹었다. 파랑이는……. 뭐 알아서 잘 피하겠지?

"어어! 지금 뭐 하는 거예요? 그러다 나 맞으면 어쩌려고?"

"조금만 참으면 된다. 견뎌라, 강파랑!"

"제대로 맞으면 목숨이 왔다 갔다 할 수도 있는데, 뭘 견디라는 거예요!"

파랑은 핏대를 세우며 무기를 도로 집어 넣으라고 했지만, 바이올렛과 스카우터 9은 들은 체도 않고 오클락과 오클락에게 붙잡힌 파랑을 향해 들려들었다.

슈우우욱~ 푸슝, 푸슝! 파아아앗~ 휙, 휘이익!

스카우터 9은 뻐꾹이를 쏘며 오클락을 압박했고, 바이올렛도 곰돌이봉을 휘둘러 파랑을……. 아니, 오클락을 공격했다.

"크아아아악!"

"으아아악! 사람 살려! 이 비겁한 녀석들아, 당장 무기를 버리고 정정당당하게 겨루라고!"

당연히 오클락을 향한 공격이었지만, 곰돌이봉과 뻐꾹이가 눈앞을 획획 스칠 때면 파랑은 겁에 질릴 수밖에 없었다. 맞으면 엄청 아플 것 같았기 때문이었다.

"넌 정말 누구 편이니?"

"강파랑, 고통은 한순간이다. MSG와 시민들을 생각하며, 네 한 몸을 희생해라!"

자신을 향해 날아드는 냉정한 말에 괜스레 서러워지는 파랑이었다.

"저, 저! 자기들 아픈 거 아니라고 말 쉽게 하는 거 봐."

최선을 다한 바이올렛과 스카우터 9의 공격에도 오클락은 쉽게 잡히지 않았다. 강철 촉수 하나에 파랑을 달고 움직이면서도 어떻게 저렇게 빠를 수 있는지 신기할 지경이었다.

오클락은 강철 촉수를 이용해 벽을 타는가 하면, 가끔은 펄쩍 뛰어 천장에 매달리는 등 신기에 가까운 몸놀림을 보여 주었다. 이쯤에서 또 언급할 수밖에 없다. 시계 말고 저걸 팔았으면 전 세계 1등도 가능했을 텐데…….

"헉헉……. 빨라도 너무 빠른데요?"

바이올렛의 숨소리가 눈에 띄게 거칠어지자, 스카우터 9의 표정이 잔뜩 굳어졌다.

'……큰일이다. 바이올렛이 지쳤어.'

그럴 만도 했다. 투투클락에 잠입한 이후, 바이올렛은 단 한 순간도 쉬지 않고 움직였다. 지금까지 이 정도로 움직일 수 있었던 것도 바이올렛이기에 가능한 일이었다. 문제는 바이올렛의 움직임이 둔해진 것을 스카우터 9뿐만 아니라, 오클락 또한 눈치챘다는 사실이었다. 지금까지 이리저리 피해 다니기만 하던 오클락이 공격 태세를 취했다.

"바이올렛, 조심해!"

슈아아악~ 휘익!

오클락은 강철 촉수 하나를 뻗어 바이올렛의 어깨를 노렸다. 바이올렛은 아슬아슬하게 공격을 피했지만, 이 상태라면 강철 촉수에 당하는 것도 시간문제였다.

"괜찮아. 헉헉……, 피했어."

잔뜩 지친 바이올렛을 보며, 파랑은 생각했다. 지하층에선 경비원에게, 이번엔 오클락에게 종일 붙잡히기만 한 게 미안하다고. 같은 팀으로서 도움을 주지는 못할망정 발목이나 잡다니, 재미로 하는 게임도 이렇게 하면 쫓겨나고 말 것이다.

그래서 파랑은 생각하고 또 생각했다. 내가 할 수 있는 것이 뭐지? 어떻게 해야 조금이라도 도움이 될 수 있을까? 바이올렛이……. 아니, 엄마가 저렇게 힘들게 버티고 있는데 나는 무엇을 할 수 있을까?

바로 그때, 오클락의 몸짓에 따라 이리저리 흔들리는 바람에 파랑의 헤드폰이 살짝 벗겨질 뻔했다.

"앗! 2등 아저씨, 조심 좀 하세요! 이거 벗겨지면 나도 최면에 걸린다고! 가뜩이나 민폐인데 최면까지 걸리면……. 어라?"

파랑의 머릿속에 번뜩이는 아이디어가 떠올랐다. 내가 지금까지 왜 그 생각을 못 했지?

그 순간, 은밀하게 다가 온 강철 촉수 하나가 퍽 하고 바이올렛의 뒤통수를 강타했다.

"꺄아아아!"

바이올렛의 비명에 파랑은 심장이 덜컹하는 기분을 느꼈다.

"바이올렛, 괜찮아?"

다행히도 바이올렛은 곰돌이봉을 이용해 공격을 막았다. 파랑은 안도의 한숨을 쉬며 가슴을 쓸어내……릴 수가 없구나. 맞다, 나 지금 오클락에게 잡힌 상태지!

오클락의 기습 공격을 피한 바이올렛, 하지만 다음 공격은? 다음 공격도 무사히 피할 수 있을까? 더 이상 시간을 끌면 바이올렛이 위험했다. 그래서 파랑은 머릿속에 떠오른 아이디어를 끈질기게 붙잡고 생각했다.

"내가 이걸 주기만 하면 되는데……. 지금은 붙잡혀서 손을 옴짝달싹할 수 없으니까."

오클락의 강철 촉수에 매달려 이리 흔들, 저리 흔들 하면서도 파랑은 쉬지 않고 중얼거렸다.

"쟤는 아까부터 혼자서 뭐라고 중얼거리는 거야?"

"그러게 말이에요. 좀 조용히 있어, 강파랑! 괜히 신경 쓰이잖아!"

인질 신세가 된 것도 속상한데 끊임없이 이어지는 타박에 더욱 서러워지는 파랑이었다.

"왜 내 깊은 뜻을 몰라 주냐? 이게 다 바이올렛, 널 위한 거니까 신경 쓰여도 참아!"

공중에 매달려 흔들거리느라 멀미가 날 뻔한 고통의 시간을 견딘 파랑은 마침내 답을 찾아냈다.

최면에 걸린 오클락이 문제라면 최면을 깨우면 된다. 무엇으로? 바로 내가 쓰고 있는 헤드폰으로! 내가 최면에 걸리면 어쩌냐고? 나는 어차피 잡혀 있으니까 상관없음!

"그래서 내가 내린 결론은 헤드뱅잉이다!"

"강파랑……. 너 지금 뭐 해?"

"맞아! 파랑이는 약하니까 최면에 걸려도 쉽게 제압할 수 있어!"

"약하다니, 꼭 말을 해도 그렇……. 그르르륵! 크으윽!"

"아니, 잘했다고! 역시 내 파트너다워, 강파랑!"

바이올렛이 오랜만에 칭찬을 던졌다. 최면에 걸린 파랑은 듣지 못했을 확률이 컸지만. 결코 쉬운 일은 아니겠지만, 이제 헤드폰을 씌우기만 하면 된다. 막막하기만 하던 조금 전과 비교하면 상황은 이미 반 이상 해결된 것처럼 느껴졌다. 그리고 쉬워 보이지 않다고 생각했던 상황도 금방 정리되었다. 이번에도 파랑이었다.

"크아아아아! 으아아아!"

"그……르르……?"

최면에 걸린 파랑이 거칠게 몸부림치자, 파랑을 달고 뛰던 오클락이 그만 중심을 잃고 넘어진 것이다.

쿠당탕탕.

손꼽아 기다리던 이 기회를 절대 놓치지 않겠다는 듯, 바이올렛이 오클락에게 헤드폰을 씌웠다. 그리고 잠시 뒤, 짐승처럼 포효하며 발버둥치던 오클락의 움직임이 멎었다.

"으음……. 머리 아파. 대체 무슨 일……. 엄마야! 이게 다 뭐야?"

오클락이 최면에서 깨어나자, 그와 한 몸처럼 움직이던 강철 촉수들이 힘을 잃고 축 늘어졌다. 그러자 강철 촉수에서 풀려난 파랑이 주인공답게 엄청난 힘을…… 쓰지는 못하고, 스카우터 9에 의해 바로 제압되었다. 이렇게 간단한 방법을 왜 생각하지 못했을까? 역시 급박하면 머리가 잘 안 돌아간다니까.

"기억이 하나도 안 나. 도대체 무슨 일이 있었던 거지?"

"뻔뻔한 것 좀 봐. 그렇게 말하면 우리가 믿을 것 같냐?"

스카우터 9이 오클락을 감시하는 동안, 바이올렛은 인형 탈의 귀를 막았던 에코 제로……. 아니, 솜뭉치를 빼서 파랑의 최면을 깨우곤 인형 탈은 구석에 꽁꽁 묶어서 던져두었다. 정말 아낌없이 주는 인형 탈이었다. 고마워, 잊지 않을게!

"어우, 머리야. 아무튼 이제 빨리 저 시계를 멈추라고 해요!"

"그런데 아까 네가 시계를 살펴봤을 때 멈추는 곳이 보이지 않았다며?"

스카우터 9이 말했지만 파랑은 듣지 못했다.

"뭐라고요? 안 들려요!"

"뭐 이상한 거 없었냐고!"

"내가 이상한 것 같다고요? 무슨 그런 섭섭한 말씀을~ 나 이제 멀쩡해요!"

가능한 빨리 커다란 시계를 멈추고 파랑의 귀를 뚫어 줘야겠다. 헤드폰을 쓰면 서로 대화가 가능하지만, 그냥 귀를 막은 상태에서는 대화가 불가능하니까.

"오클락, 궁금한 게 많은데 일단은 시계부터 멈추도록 해요!"

"으으으……. 나를 속이다니. 그놈이 감히 나를!"

뭔지 몰라도 오클락은 정말 분해 보였다. 만약 저게 연기라면 시계 회사 사장보다는 배우를 하는 게 더 어울릴 것 같았다.

"화가 난다! 감히 나를……. 꽥!"

오클락의 분노를 멈춘 것은 바이올렛이었다. 역시 바이올렛이 최고라니까!

"일단 시계부터 멈추라고 했어요, 안 했어요?"

"해, 했어요……."

오클락에게 궁금한 게 많았지만 그건 차차 알아보면 되고, 지금은 시계를 멈춰 최면에 걸린 시민들을 깨우는 게 우선이었다.

"시계를 멈추려면 내 책상에 있는 비밀번호 입력기에 비밀번호를 입력하면 됩니다."

스카우터 9이 오클락의 책상에서 네모난 단말기 하나를 찾아 들어 보이며 말했다.

"이건가?"

"네 그거 맞아요."

"비밀번호는 뭐야?"

"어, 그러니까……."

"시간 끌지 말고, 알아서, 잘, 딱, 깔끔하고, 센스 있게 얘기하는 게 좋을 거다."

스카우터 9의 기세에 주눅이 든 오클락이 더듬더듬 비밀번호를 말했고, 스카우터 9은 서둘러 비밀번호를 입력했다. 그리고 잠시 후…… 놀랄 만큼 아무 일도 일어나지 않았다.

"뭐야? 지금 장난쳐? 거친 오리 맛 좀 보고 싶어?"

"그, 그럴 리가 없는데……. 비밀번호가 바뀐 것 같아요."

아무래도 MSG 첩보국의 위기는 현재 진행형인 것 같다.

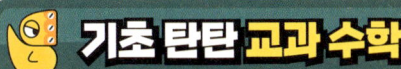

1. 쌓기 나무로 만든 모양을 구멍이 있는 상자 ⓐ와 ⓑ에 넣으려고 합니다. 쌓기 나무를 이리저리 돌려서 각 상자에 넣을 수 있는 모양을 모두 찾아 번호를 써 보세요.

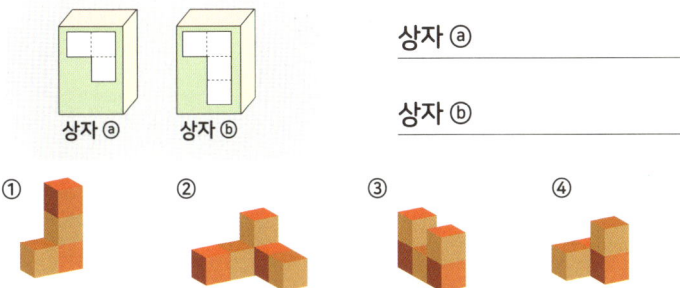

상자 ⓐ _____

상자 ⓑ _____

2. 바이올렛이 쌓기 나무로 만든 모양을 위에서 본 뒤, 아래와 같이 그렸어요. 앞과 옆에서 본 모양도 각각 그려 보세요.

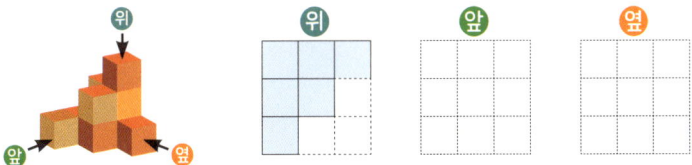

3. 쌓기 나무를 몇 개 더 쌓아 가장 작은 정육면체 모양을 만들려고 합니다. 위에서 본 모양이 오른쪽과 같을 때 쌓기 나무는 몇 개가 더 필요한지 구해 보세요.

쌓은 모양   위에서 본 모양

 개

실력 쑥쑥 사고력 수학

1. 쌓기 나무로 만든 모양을 위, 앞, 옆에서 보면 아래와 같습니다. 똑같은 모양으로 쌓는데 필요한 쌓기 나무의 개수는 몇 개일까요?

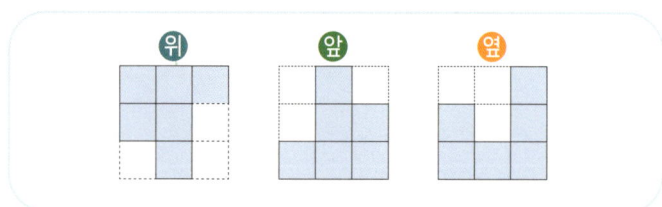

_____ 개

2. 쌓기 나무 7개를 사용하여 아래 조건을 만족하는 모양을 모두 몇 가지 만들 수 있을까요?

(단, 돌렸을 때 같은 모양은 한 가지로 생각합니다.)

조건
- 쌓기 나무로 만든 모양은 3종입니다.
- 3종에 쓰인 쌓기 나무 개수는 모두 다릅니다.
- 위에서 본 모양은 다음과 같습니다.

_____ 가지

공간과 입체 미션 클리어!

새로운 전쟁의 서막

"비밀번호가 바뀌다니, 그게 말이 돼요?"

"진짜예요……."

억울해 보이는 오클락을 향해 바이올렛이 되물었다.

"첫째, 비밀번호가 설정자도 모르는 사이에 바뀌었다. 둘째, 모르는 척 시간을 끌어서 MSG를 공격하려고 한다. 둘 중, 뭐가 더 그럴듯하죠?"

"그야 당연히 두 번째가 더……."

자신이 생각해도 말이 되지 않는 상황에 오클락은 당황했다. 그런데 어쩌란 말인가, 진실이 그러한데! 억울함이 치밀어 올라 왈칵 눈물이 날 것 같았지만, 일단 진정하고 저들을 설득해야 했다.

"버텨 봤자 소용없어요. 당신이 세계 각지에 만들어 둔 무기 연구소들은 우리가 이미 일망타진했으니까 순순히 비밀번호를 말해요."

"누가 무기 연구소를 만들었대! 나도 어떤 노인이 알려 준 기술로 시계를 만들어서 퍼뜨린 것뿐이란 말이야!"

오클락은 자신의 결백을 주장했지만, 돌아오는 것은 여섯 개의 싸늘한 눈동자뿐이었다.

'모르는 사람이 업계 1위가 될 수 있는 신기술을 알려 줄 테니 대신 자신이 원하는 대로 시계를 만들어서 사람들에게 공짜로 나눠 주라고 했다고 하면……. 나라도 안 믿겠구나. 크허엉~ 나 정말 어떡해!'

진실을 말해도 아무도 믿어 주지 않는 상황에 오클락은 그만 꾹꾹 참았던 눈물을 터뜨리고 말았다. 그리고 그 모습을 지켜보는 파랑은 조금 당황스러웠다. 어른이 저렇게 쉽게 울어도 되는 거야?

"2등 아저씨는 갑자기 왜 우는 거야? 아, 안 들리니까 답답하네. 빨리 저 시계 좀 멈춰 줘, 바이올렛!"

"오클락이 오리발을 내밀고 있어서 시간이 좀 걸릴 것 같아. 그러니까 얌전히 좀 있어!"

들릴 리 없는 파랑에게 나름 친절하게 대꾸한 바이올렛은 이렇게 흘려보내는 시간도 아까웠기에 업무 분담을 해야겠다고 마음먹었다.

> ① 스카우터 9은 오클락을 심문한다.
> ② 바이올렛은 시계와 비밀번호 입력기를 살피며, 다른 방법이 있는지 조사한다.
> ③ 파랑은 그냥 가만히 있는다. 완벽하다!

"그럼 이제 우리 둘이서 오붓하게 얘기나 좀 나눠 볼까?"

오클락을 보는 스카우터 9의 눈동자에 얼핏 미소가 어린 것도 같았다.

"그, 글쎄. 난 오리 말고 사람이랑 대화하고 싶은데……."

오클락이 거부하거나 말거나 내버려 두고, 바이올렛은 비밀번호 입력기부터 시계까지 꼼꼼하게 살폈다. 매의 눈으로 빈틈없이 살폈지만, 특별히 수상해 보이는 점은 없어 보였다.

'어쩌면 내 초조함이 눈을 가리고 있는지도 몰라. 바이올렛, 스스로를 믿어 보자!'

마음을 다잡은 바이올렛은 다시 한번 주변을 살폈다. 그리고…… 놀랄 만큼 아무것도 발견할 수 없었다.

'내가 이렇게 무능했다니……. 파랑일 나무랄 게 아니잖아?'

오클락의 울먹이는 소리가 곧 진실에 다가가는 길이라는 듯 신나게 웃는 스카우터 9과 망연자실한 바이올렛, 그리고 그 모습을 지켜보는 파랑은 어리둥절한 표정만 지을 뿐이었다. 파랑의 두 귀는 여전히 솜으로 꽉 막혀 있었으니 말이다.

한편, 스카우터 9은 효과적으로 오클락을 괴롭히고 있었다. 그 방법이 뭐냐고?

일단 오클락의 헤드폰을 잠시 벗긴다.

"으으으……. 끄어어억!"

최면에 걸리기 직전에 다시 쏙! 씌워 준다.

"헉헉……. 제발 그만해."

"어때? 이제 좀 진지하게 털어놓을 마음이 생겼어?"

"아니, 난 정말 모른다니……."

대답을 주저하면 다시 헤드폰을 벗긴다.

"크어어어……. 캬아악!"

최면에 걸릴 것 같으면 또다시 쏙! 씌워 준다. 최면의 경계에서 느끼는 괴로움을 이용한 심문이 오클락에게 제대로 먹힌 것 같았다.

"으허헝! 이 악마 같은 오리 녀석! 지옥에나 떨어져라!"

"칭찬 고맙고, 아무거나 말해 보라니까. 네 머릿속 모든 것을! 혹시 알아, 그러다 보면 단서가 나올지!"

"그, 그럼 내가 국민학교에서 첫사랑을 만난……."

"쓸데없는 말이 길다! 수다쟁이, 아웃! 최면 맛 좀 봐라!"

"끄아아악! 아무거나 얘기해 보라며! 아무거나 다 된다며!"

파랑은 스카우터 9보다는 바이올렛을 돕는 게 낫다고 판단했다. 뭐 하고 있는 거야, 저 둘 이상해…….

"바이올렛, 내가 뭐 도울 일 없어?"

"후유……."

바이올렛은 필요없다고 말할 힘도 없었다. 오랜만에 느낀 무력감에 기운이 빠졌기 때문이다. 바이올렛이 들고 있던 비밀번호 입력기를 건네받은 파랑은, 비밀번호 입력기를 요리조리 살피더니 있는 힘껏 바닥에 내리쳤다.

"강파랑! 너 지금 뭐 하는 거야?"

"저 녀석 설마 아직도 최면에 걸린 상태인 건가? 귀중한 단서를 부수다니!"

"야! 그거 비싼 거야!"

바이올렛과 스카우터 9, 오클락은 차례로 파랑의 행동을 비난했다. MSG 첩보국은 물론, 무고한 시민들을 구할 수 있는 소중한 단서를 저렇게 함부로 다루다니…….

"왜 그렇게 봐? 기계가 작동하지 않을 때는 두드리는 게 약인 거 몰라?"

들리진 않았지만, 눈치는 빠른 파랑이었다. 셋 다 분명히 날 나무랐을 거야!

"너 지금 그걸 말이라고……. 어?"

파랑을 향해 분노를 터뜨리려던 바이올렛은 부서진 비밀번호 입력기의 안쪽에서 무언가를 발견했다.

"맙소사……. 이건 암호잖아?"

고장 난 시계도 하루에 두 번은 맞는다더니, 파랑이 한 건 할 줄이야. 장하다, 강파랑!

"뭐라고 적혀 있나, 바이올렛?"

"잠시만요!"

함께 암호를 읽은 파랑은 괜히 철수에게 감정을 이입했다.

"불쌍한 철수……. 이 회사 사람들은 왜 암호마다 철수를 소환하는 거람?"

"원래 시험 문제를 낼 때는 철수랑 영희가 단골손님인 거 몰라? 됐고, 어서 문제나 풀어 보자고."

암호를 풀기 위해 파랑, 바이올렛, 스카우터 9, 그리고······ 오클락이 옹기종기 모였다.

"그런데 오클락, 당신은 왜 끼는 거야? 방해하려고 그래?"

스카우터 9가 인상을 찌푸리며 선을 그었다.

"방해라니······. 나도 속았다고! 내가 그놈과 한패라면 왜 최면에 걸렸겠냐고!"

오클락의 호소에 바이올렛이 악의 없이 대꾸했다.

"음, 생각보다 허술한 사람이라서 그런 게 아닐까요?"

"그게 아니라 나도 속았기 때문이라고! 얼른 이 암호를 풀고, 날 속인 그놈에게 한 방 먹이고 싶단 말이야!"

사실 파랑 일행은 오클락도 속았을 뿐이라는 걸 이미 알고 있었다. 그렇다고 해서 이 사건에 동조한 오클락의 죄가 사라지는 건 아니지만······. 한 가지 분명한 점은 진짜 범인은 비밀의 장막 뒤에 숨어서 지금 이 상황을 관찰하고 있을 것이라는 사실이었다. 순식간에 무거워진 분위기를 수습하려는듯 바이올렛이 스카우터 9에게 물었다.

"그러고 보니 스카우터 9, 뭐 알아낸 거 없어요?"

"글쎄. 오클락이 국민학교 때 첫사랑을 했다는 걸 듣긴······."

"이 오리가! 우리끼리 비밀 이야기를 이렇게 막 하기 있냐?"

"있다."

스카우터 9이 조금 편해진 건지 오클락이 홍조 띤 얼굴로 소리쳤다. 잔뜩 찌푸려진 스카우터 9의 얼굴을 보곤 바로 주눅이 들고 말았지만 말이다.

"……뭐, 네가 있다면 있는 거겠지만……. 그래도 난 명색이 사장인데. 정말 서러워서, 원……."

"그만 싸우고 얼른 암호부터 풀어요. 전 답을 알 것 같아요."

역시 바이올렛! 우리 편일 때 제일 든든한 바이올렛!

"한 시간은 60분! 철수는 251분을 걸었으니까 단위를 시간으로 바꾸면 간단히 풀리는 문제예요. 철수는 총 4시간 11분을 걸었으니까 비밀번호는 0411!"

바이올렛이 비밀번호 입력기를 꾹꾹 눌렀다. 그리고 잠시 기다렸다가 자신의 헤드폰을 벗……지 않고, 옆에 있던 오클락의 헤드폰을 벗겼다.

"하지 마! 하지 말라고! 왜 자꾸 내 헤드폰을 벗기냐고! 아아악! 또 최면이 시작된다!"

오클락은 최면에 걸릴까 봐 두려워 소리쳤지만, 어쩐 일인지 아까처럼 기분이 나쁘거나 몸이 아프진 않았다.

"멀쩡하네."

"멀쩡하네요."

"……그러네. 이제 안 걸리네?"

최면을 일으키는 시계 알람이 드디어 멎은 것이다. 바이올렛은 헤드폰을 벗고는 파랑의 귀를 막고 있던 에코 제로 플러스 원도 빼 주었다. 겨우 솜뭉치 하나 빠졌을 뿐인데 파랑은 커다란 해방감을 느꼈다. 이것이 바로 자유의 맛일까?

"솔직히 이번엔 산전수전 다 겪은 나도 좀 아찔했다. 선량한 시민들을 이용해 공격할 줄은 몰랐지."

"이 몸의 천재적인 활약이 있었기 때문에 이 정도로 끝난 거 아닐까요? 하하하!"

스카우터 9과 파랑의 말을 끊은 건 바이올렛이었다.

"둘 다 자랑은 그만하고, 대충 상황 정리됐으니 이제 그만 돌아가요."

하루 종일 뛰고, 싸우고, 거기다 머리도 썼기에 파랑 일행은 매우 지친 상태였다. 진짜 배후를 찾지는 못했지만, MSG와 시민들의 안전을 지켰다는 사실에 뿌듯함을 느끼던 바로 그 순간이었다.

칙. 치지직.

"본부에서 무전이 왔나 본데?"

"시민들이 최면에서 깨어났을 테니 연락한 거겠죠."

스카우터 9의 물음에 답한 바이올렛은 서둘러 불독 국장의 무전을 받았다.

"국장님, 그쪽도 상황 정리됐……. 네? 네. 알겠습니다."

은은한 미소를 띠던 바이올렛의 얼굴이 순식간에 굳어졌다. 아무래도 문제가 생긴 것 같았다.

바이올렛을 주시하던 스카우터 9과 파랑이 굳은 목소리로 물었다.

"바이올렛, 무슨 일이야? 설마 우리가 늦은 건가?"

"에이~ 설마요. 왜 그래, 바이올렛? 얼른 말 좀 해 줘!"

바이올렛의 대답을 기다리며 파랑과 스카우터 9, 그리고 오클락이 꿀꺽 침을 삼켰다. 오클락, 당신은 왜 긴장하는 건데?

"공격이 멈추지 않았대요. 최면에 걸린 시민들이 아직도 본부를 공격하고 있다고……."

"엥? 저 커다란 시계는 분명 멈췄잖아?"

"맞아. 저 시계를 따라 울리던 일반 시계들도 모두 멈췄을 텐데, 왜 최면이 안 풀린 거지?"

파랑과 스카우터 9은 알 수 없는 상황에 아득한 기분을 느꼈다. 최면의 매개인 커다란 시계를 멈췄는데 시민들은 최면에서 깨어나지 못했다. 파랑 일행은 무거운 한숨을 내쉬며 깊은 고민에 빠졌다. 최면이 풀리지 않는 이유를 모르니 해결책도 떠오르지 않았다. 무엇을 해야 할지 알 수 없는 상황에 파랑 일행은 그저 멍하니 서 있을 수밖에 없었다.

"쯧쯧~ 다들 넋이 나갔군."

얼음장 같은 상황을 깨며, 오늘 본 것 중 가장 당당한 얼굴로 오클락이 입을 열었다.

"시민들이 걸린 최면은 이곳의 최면과는 다른 종류야. 나머지는 내게 맡겨라!"

"오클락? 당신이 왜……?"

"나도 그놈에게 이용당한 거라고 계속 말했잖아. 나 나쁜 사람 아니라니까! 우리 제발 마음 좀 열고 살자!"

오클락의 말을 가만히 듣고 있던 파랑이 심각한 얼굴로 스카우터 9에게 귓속말을 했다.

"정말 믿어도 될까요, 스카우터 9?"

"별로 믿음은 안 가지만, 믿어 보는 수밖에……."

저 둘은 목소리 볼륨 조절 안 할 거면 귓속말은 대체 왜 하는 거지? 괜히 울컥하는 오클락이었다.

"그런 말은 좀 안 들리게 할 수 없나? 뭐, 아무튼 저 커다란 시계가 투투클락에서 만든 모든 시계들에 신호를 보내는 건 맞아. 그러니까 저 시계를 살짝만 개조하면 멈추라는 신호도 보낼 수 있는 거지!"

"잠깐! 신호를 보낸 게 맞다면, 저 시계가 멈춘 시점에서 다른 시계들도 멈췄어야 되는 거 아닌가요?"

바이올렛의 질문을 예상이라도 했다는 듯 오클락이 답했다.

"그러니까 저 시계는 스위치 같은 거야. 작동하라는 신호에 작동했으니, 멈추라는 신호를 보내야 멈추는 거지."

"확실해요?"

"이봐, 나 시계 회사 사장이야! 비록 업계 2위지만, 투투클락을 내가 만들었다고. 그리고 보니 내가 처음 시계와 사랑에 빠진 건 두 번째 첫사랑을 만났을 때인데……."

"두 번째가 어떻게 첫사랑이에요! 어쩐지 헛소리 같더라니!"

바이올렛은 물론, 파랑과 스카우터 9의 표정까지 싸늘하게 굳자 오클락은 시무룩한 기분이 들었다.

"헛소리 아니야. 이걸 보라고!"

커다란 시계 아래로 다가간 오클락이 손을 뻗어 어딘가를 살짝 누르자 딸깍 소리와 함께 시계가 열렸다.

"뭐야? 내가 열려고 할 땐 절대 안 열리더니 왜 저렇게 쉽게 열려!"

"시계는 과학이니까! 때린다고 다 열리면 그게 시계냐, 대문이지!"

커다란 시계를 향한 파랑의 배신감을 뒤로 한 채, 오클락은 무언가를 열심히 조작하기 시작했다. 여긴 이렇게, 저긴 저렇게, 뚝딱뚝딱!

끼긱. 끼기긱.

그리고 숨어 있던 진짜 배후는 바로 그때 나타났다. 쓰러져 있던 덩치들 중 하나가 몸을 일으키며 말을 하기 시작한 것이다.

"설마 했는데……. 정말 날 배신할 줄 몰랐군, 미련한 오클락."

녹슨 쇳덩이를 날카로운 칼로 긁으면 저런 소리가 날까? 갑자기 들려온 축축하고 소름 끼치는 목소리에 파랑 일행은 단번에 전투태세를 취했다.

"너, 너는! 이 나쁜 놈! 감히 내게 최면을 걸어?"

오클락이 화를 내는 걸 보니 저 기분 나쁜 남자가 진짜 배후가 맞긴 한 모양이었다.

툭. 투두둑.

남자가 입고 있던 양복이 찢어지며, 칠흑처럼 어두운 망토가 지옥의 구덩이에서 몸을 비집고 나오는 악마처럼 삐져나왔다. 망토를 뒤집어 써, 머리부터 발끝까지 온통 어둠으로 가득한 가운데 유일한 빛은 눈이라 짐작되는 붉은 섬광밖에 없었다.

"정식으로 인사하지. 너희들의 표현에 따르면 난 이 모든 일의 흑막이자, 사건의 몸통! 편하게 프로펫이라고 부르면 된다."

"프로펫……?"

바이올렛부터 스카우터 9까지 그곳에 있던 모든 이들은 긴장감에 몸이 뻣뻣하게 굳었다. 위험천만한 사건을 수없이 겪었지만, 이런 불길한 느낌은 처음인 것 같았다.

"우리를 잡기 위해 오클락을 도우려면 얼마든지 도울 수 있었을 텐데, 왜 지금까지 가만히 있었던 거야?"

"나도 같은 생각이다. 왜 이런 일을 벌였는지도 도무지 이해가 되지 않고."

바이올렛과 스카우터 9이 부러 당당하게 말했다.

"너희가 생각했던 것보다 너무 약해서 어쩔 수 없었다. 능력치를 파악하려고 돌을 던졌더니, 겨우 돌멩이 하나에 놀라서 이리저리 날뛰는 꼴이란……."

"뭐라고?"

바이올렛은 프로펫의 말에 발끈했지만, 섣불리 달려들지는 않았다. 오히려 애먼 오클락이 돌멩이라는 말에 방방 뛰었다. 하지만 스카우터 9은 오클락이 시계를 개조하는 데에만 총력을 기울이길 원했다. 프로펫이 공격을 한다면 여기 있는 모두의 목숨이 위태로울 수 있다는 예감이 들었기 때문이다. 그래서 조금이라도 빨리 시계의 개조가 끝나야 했다. 시간을 끌기 위해 스카우터 9이 아무 말이라도 던지려던 바로 그때였다.

"일단 어리석은 배신자는 좀 치우고 얘기할까?"

망토에 가려져 정확히 보이지는 않았지만, 프로펫이 무언가를 조작하자 오클락이 장착하고 있던 강철 촉수가 달린 기계식 팩이 붉게 달아오르기 시작했다.

 －폭발까지 남은 시간 10, 9, 8…….

 "어? 이거 갑자기 왜 이래? 왜 이렇게 뜨거워?"

 예상하지 못한 상황에 모두가 굳어 있을 때, 파랑이 재빠르게 반응했다. 오클락의 몸에서 기계식 팩을 떼어 낸 뒤, 자신의 스케이트보드에 매달고는 그대로 프로펫에게 날려 보낸 것이다. 파랑의 스케이트보드는 이제 폭탄이 된 기계식 팩을 싣고 맹렬하게 달렸다.

 "오호? 제법인……."

 콰아아아아아앙!

 프로펫이 말을 채 끝맺기도 전에 기계식 팩은 커다란 굉음을 내며 폭발했다.

 "강파랑, 괜찮아?"

 "난 괜찮아, 바이올렛! 그보다 프로펫은?"

 폭발 이후 뿌옇게 일어난 먼지와 연기로 앞이 잘 보이지 않자 바이올렛이 주위를 두리번거리며 대답했다.

 "해치운 거 같은데?"

 "후후후~ 내가 고작 이 정도로 쓰러질 것 같으냐?"

자욱한 연기 속을 그을음 하나 없이 멀쩡한 모습으로 걸어 나오며 프로펫이 말했다.

"왜 이런 일을 벌였냐고 물었지? 이 세상의 발전을 막는 너희들을 치워 버리기 전에 가벼운 유흥을 즐겼다고 하면 대답이 될까?"

프로펫의 터무니없는 말에 바이올렛이 발끈했다.

"우리 MSG는 테러 위협으로부터 전 세계를 보호하고 있어요! 그런데 세상의 발전을 막는다니, 그게 무슨 소리죠?"

"헛소리!"

마치 천둥 같은 프로펫의 외침이 쩌렁쩌렁 울렸다. 실로 광기에 가득 찬 목소리였다.

"말도 안 되는 소리하지 마라, 이 가증스러운 놈들! 모두가 나쁘다고 말하는 전쟁이 과학 발전을 얼마나 앞당겼는지 알고 있느냐? 너희가 테러리스트라고 단정 짓는 무리들은 보통 사람들은 생각하지도 못할 상상력을 발휘해 이 세상을 빠르게 발전시켰다! 우물 안에서 고일대로 고여 제 숨이 넘어가는지도 모르는 우매한 개구리들 주제에 너희가 뭐라고 그 거룩한 행위를 가로막지?"

프로펫은 쉬지 않고 소리쳤는데, 솔직히 말이 너무 길어서 파랑은 중간부터는 살짝 졸릴 뻔했다. 잠자코 듣고 있던 바이올렛이 한 발 앞으로 걸어 나가며 프로펫의 말에 반박했다.

"당신이 하는 말은 억지로 가득 차 있어서 어디부터 짚어야 할지 모르겠네요. 우물 안에 갇힌 건 당신 같은데요?"

"말해 봤자 알아듣지 못할 어리석은 족속들에게 내가 너무 어려운 얘기를 했군. 큰소리를 낸 건 사과하지."

비꼬는 건지, 사과를 하는 건지 모를 말을 마친 프로펫은 또다시 무언가를 조작했다.

"이것으로 너희 본부로 몰려가던 시민들은 정신을 차리고 흩어졌을 것이다. 오늘 여기선 너희를 해칠 생각이 없었다는 내 진심을 알아주길 바란다."

"지인~시임~? 그런 사람이 저 아저씨를 폭탄으로 날려 보내려고 했어?"

파랑의 꿍얼거림에 잠시 멈칫한 프로펫이 아무 소리도 듣지 못했다는 듯 이야기를 이어 갔다.

"아무튼 나는 공평해야 한다고 생각했다. 너희에게 나라는 존재를 알리고 정당히 경쟁해서 MSG를 지워 버려야 공평한 것이겠지. 오늘은 가볍게 실력이나 볼 생각이었는데, 내 예상보다 더 나약해서 실망스럽더구나."

"고옹~펴엉~? 시일~마앙~? 변장까지 하고 숨어 있던 사람이 말은 참 잘해요. 그리고 그 망토는 또 뭐야? 누가 보면 중2

병 걸린 줄?"

 프로펫은 파랑을 노려봤다. 저 맹랑한 꼬마는 아까부터 마음에 드는 게 하나도 없었다. 하지만 본격적인 싸움이 시작되면 거대한 물결에 휩쓸려 사라질 나약한 소년일 뿐이겠지. 겨우 마음을 가라앉힌 프로펫이 말했다.

 "그러니 이제 너희 주인에게 돌아가 말해라. 위대한 선지자, 프로펫을 막을 준비를 하라고!"

 "주우~이인~? 뭐야? 지금이 중세 시대야? 그리고 간다고 하면 우리가 얌전히 보내 준대?"

 "후후~ 다음에 만나면 건방진 꼬마, 넌 단단히 각오를 하는 게 좋을 것이다!"

 슈우우우우웅~ 펑!

 프로펫의 말이 끝나기 무섭게 프로펫 주위로 검은 연기가 뿜어져 나왔다.

 "독이 있을지도 모른다. 모두 물러서!"

 바이올렛과 스카우터 9이 당장에라도 프로펫을 향해 달려들려는 파랑을 붙잡아 뒤로 끌어냈다. 파랑은 이거 클리셰라고! 독 없다고! 하며 반항했지만 둘의 힘을 당해 내진 못했다.

 "그럼 다시 만날 때까지 발버둥 쳐 보거라. 그래 봤자 결과는 다를 바 없겠지만……."

곧 검은 연기가 사라졌고, 예상대로 프로펫은 보이지 않았다. 한바탕 전쟁을 치룬 뒤의 적막감이 빈 공간을 가득 채웠다. 침묵을 깬 것은 스카우터 9이었다.

"그자는 정말 떠난 거 같지?"

"아마도요? 그나저나 이해가 안 돼요. 악당들은 왜 이렇게 일을 복잡하게 할까요? 그러면 멋있어 보일 거 같나? 그래 봤자 악당일 뿐인데."

바이올렛이 파랑과 스카우터 9에게 말을 던졌다.

"일단은 돌아가죠. 할 얘기가 많아서 직접 보고하는 게 나을 것 같으니까요."

파랑 일행은 기절한 오클락을 데리고 투투클락을 벗어났다. MSG 첩보국으로 돌아가는 동안 어리둥절한 표정으로 집으로 돌아가는 수없이 많은 사람들과 스쳤다. 다행히 다친 곳은 없어 보였다. 그리고 잠시 후······.

"그러니까 프로펫이라는 자가 이번 사태의 배후이고, 이 소동은 그가 우리에게 보내는 예고장 같은 거란 말인가?"

"네, 국장님."

바이올렛의 간결한 대답에 불독 국장의 얼굴이 심각해졌다.

"이게 고작 예고장이라고? 어디서 갑자기 그런 자가 튀어나온 거지?"

"그건 잘 모르겠지만, 일단 준비는 해야겠죠."

"그래. 세계 각지에 흩어진 요원들을 당장 불러들여야겠어. 그나저나 바이올렛, 그자가 정말 그렇게 강하던가?"

"제대로 겨뤄 보진 않았지만……, 아마도요."

"에이! 그냥 중2병 걸린 아저씨 같던걸? 걱정하지 마, 바이올렛! 다음에 만나면 나, 강파랑이 한 방에 쓰러뜨려 줄게!"

무거운 분위기를 풀기 위해 한껏 너스레를 떤 파랑이 바이올렛을 힐끗 쳐다봤다. 분명 한심하게 저를 볼 거라고 생각했는데, 바이올렛은 꽤 진지한 눈으로 파랑을 보고 있었다.

"어? 왜 이렇게 그윽하게 보는 거야? 내가 아는 바이올렛이라면 이쯤에서 허풍만 친다고 나무라야 하는데……."

"우리가 프로펫의 기세에 눌려 있을 때 너만 하고 싶은 말을 다 했었어. 너라면 정말 한 방에 프로펫을 날려 버릴지도 몰라."

"음……. 그 정도는 아닐 것 같은데. 나 좀 부담스럽다, 바이올렛."

"자! 만담은 이쯤 하도록 하지."

"국장님, 만담이 아니라 파랑인 정말 잠재력이……."

"나도 알고 있어, 바이올렛."

불독 국장은 바이올렛을 보며 말을 이었다.

"그럼 그냥 강파랑에게 모든 걸 맡길 셈인가? 내가 아는 바이올렛은 그렇지 않아. 항상 한계를 극복하며 성장해 왔지."

"뭐야, 뭐야! 나 방금 드라마에서나 볼 법한 소리를 들은 것 같은데? 으~ 오글오글!"

"시, 시끄러워! 강파랑!"

붉어진 얼굴로 불독 국장이 소리쳤다. 파랑은 불독 국장의 말투를 장난스럽게 따라 하곤 도망쳤다. 그런 파랑의 모습을 보며 바이올렛이 말했다.

"걱정하지 마세요, 국장님. 다음번에 프로펫을 만나면 오늘과는 다를 거니까요."

전초전은 끝났다. 이제 두 번째, 아니, 프로펫의 말대로라면 진정한 첫 번째 전쟁을 준비해야 한다. MSG 첩보국을 비추는 저 작은 별은 결과를 알고 있을까? 앞으로 어떤 일이 벌어질지 알 수 없지만, MSG의 모든 구성원들은 그저 묵묵히 준비할 뿐이다. 언제나 그랬던 것처럼 어제도, 오늘도, 내일을 위해!

1. 시간이 긴 것부터 차례대로 번호를 쓰세요.

보기

① 4분   ② 250초   ③ 235초   ④ 3분 50초

➡   ➡   ➡

_____

2. 파랑이와 바이올렛이 각각 책을 읽었습니다. 파랑이와 바이올렛 중 누가 얼마나 더 오래 책을 읽었을까요?

이름	읽기 시작한 시각	다 읽은 시각
파랑	4시 15분 30초	4시 52분 40초
바이올렛	3시 47분 10초	4시 18분 35초

_____

3. 스카우터 9이 기차를 2시간 53분 동안 탄 뒤, 버스로 갈아타고 1시간 18분을 더 가서 목적지에 도착했습니다. 목적지에 도착하기 위해서 스카우터 9은 교통수단을 몇 시간 몇 분 이용했을까요?

_____

실력 쑥쑥 사고력 수학

1. 우리나라의 24절기 중 하나인 하지는 1년 중 낮의 길이가 가장 긴 날입니다. 어느 해 하짓날, 낮의 길이는 14시간 46분이었습니다. 이날 낮의 길이는 밤의 길이보다 몇 시간 몇 분 더 길었는지 구해 보세요.

2. 파랑이의 시계는 한 시간에 20초씩 늦어지고, 바이올렛의 시계는 한 시간에 15초씩 빨라집니다. 파랑이와 바이올렛이 오늘 낮 12시에 시계를 정확히 맞춰 놓았다면, 오늘 오후 5시에 두 사람의 시계는 몇 분 몇 초 차이가 날까요?

길이와 시간 미션 클리어!

플러스 수학 TALK! TALK!

시간을 나타낼 때는 어떤 진법을 사용할까요?

몇 개의 기본 숫자를 이용해 수를 표시하는 방법을 진법이라고 합니다. 자릿값이 올라감에 따라 수가 일정하게 커지는 규칙을 이용해 수를 표시하는 것을 말하지요. 다양한 진법 중, 가장 대표적인 진법은 0부터 9까지의 기본 숫자를 이용한 십진법입니다. 1보다는 10이, 10보다는 100이 더 큰 숫자인 것처럼 수의 자리가 하나씩 올라갈 때마다 자릿값이 열 배씩 커지는 것이 바로 십진법이지요. 그렇다면 시간을 나타낼 때도 가장 대표적인 진법인 십진법을 이용할까요?

시간은 육십진법을 이용해서 나타낼 수 있습니다. 그리고 육십진법을 사용하기 위해서는 0부터 59까지 총 60개의 숫자를 기억해야 한답니다. 고대 바빌로니아인들은 육십진법을 사용해 태양이 약 360일 만에 같은 위치에서 떠오르는 것을 발견했고, 달이 지구 한 바퀴를 도는 데 약 30일이 걸린다는 사실도 알아냈지요. 똑딱똑딱 흐르는 시간 역시 육십진법을 이용해 1시간은 60분, 1분은 60초로 나타낼 수 있어요.

★★★ **1장** ★★★

기초 탄탄 교과 수학 정답·37

1. 답: ① ○×15=□   ② □÷15=○

수학에서 대응이란 두 수가 정해진 규칙에 따라 서로 짝이 되는 것을 말합니다. 이 문제에서는 휘발유 1리터를 넣을 때마다 운행할 수 있는 거리가 15킬로미터 늘어난다는 대응 관계를 찾을 수 있지요. 휘발유의 양과 운행 거리 사이의 대응 관계를 식으로 나타내면 '휘발유의 양×15=운행 거리'입니다. 이것을 기호를 사용하여 나타내면 '○×15=□'입니다. 곱셈 식을 나눗셈 식으로 바꿔서 나타내면 '운행 거리÷15=휘발유의 양'이고, 이것을 기호를 사용하여 나타내면 '□÷15=○'가 됩니다.

2. 답: 21개

세모와 동그라미 개수 사이의 대응 관계를 표로 나타내면 다음과 같습니다.

▲	1	2	3	4	…
●	3	5	7	9	…

이것을 식으로 나타내면 '▲×2+1=●'입니다. 따라서 세모가 10개일 때, 동그라미의 개수는 10×2+1=21개입니다.

3. 답: 23

파랑이가 말한 수	3	4	5	…	10
바이올렛이 말한 수	9	11	13	…	?

파랑이가 말하는 수가 1씩 늘어날 때마다 바이올렛이 말하는 수는 2씩 늘어나고 있습니다. 따라서 두 수 사이에 '×2'의 관계가 있다는 것을 알 수 있습니다. 3×2+( )=9, 4×2+( )=11에서 ( )안에 공통적으로 들어가는 수는 3입니다. 즉, 두 사람이 말한 수 사이의 대응 관계는 '파랑이가 말한 수×2+3=바이올렛이 말한 수'라는 식으로 나타낼 수 있습니다. 따라서 파랑이가 10이라고 말했을 때, 바이올렛이 답해야 하는 수는 10×2+3=23입니다.

실력 쑥쑥 사고력 수학 정답·38

1. 답: 14시간

뉴욕이 오후 7시일 때, 인천은 다음 날 오전 8시입니다. 오후 7시에서 다음 날 오전 8시가 되려면 13시간이 흘러야 하므로, 뉴욕과 인천 사이에는 13시간의 시차가 있습니다. 두 도시의 시각을 대응 식으로 나타내면 '뉴욕의 시각+13=인천의 시각'입니다. 뉴욕에 오전 10시에 도착했으므로, 이때 인천의 시각은 10시+13시간=23시입니다. 인천의 시각을 기준으로 9시에 출발해 23시에 도착했으므로 비행기로 이동한 시간은 23시-9시=14시간입니다.

2. 답: CODENAME X

알파벳 THANK YOU를 나타내는 암호는 RFYLI WMS입니다. 각각 대응되는 글자를 살펴보면 T를 앞으로 두 칸 되돌린 글자가 R이고, H를 앞으로 두 칸 되돌린 글자가 F라는 사실을 알 수 있습니다. 바이올렛은 알파벳을 앞으로 두 칸씩 되돌려서 암호를 만들었네요.

찾은 규칙을 바탕으로 알파벳과 암호 사이의 대응 관계를 표로 나타내면 다음과 같습니다.

알파벳	A	B	C	D	E	F	G	H	I	J	K	L	M
암호	Y	Z	A	B	C	D	E	F	G	H	I	J	K
알파벳	N	O	P	Q	R	S	T	U	V	W	X	Y	Z
암호	L	M	N	O	P	Q	R	S	T	U	V	W	X

암호 AMBCLYKC V에 해당하는 알파벳을 찾아 암호를 풀면 CODENAME X입니다.

2장

기초 탄탄 교과 수학 정답 · 57

1. 답: 7살

가족 다섯 명 나이의 평균이 24가 되려면 나이의 총 합이 24×5=120이 되어야 합니다. 동생을 제외한 나머지 가족의 나이의 합은 45+44+13+11=113입니다. 따라서 동생의 나이는 120−113=7, 즉, 7살입니다.

2. 답: ③

100번 화살을 던졌을 때 노란색이나 초록색 다트 판에 멈출 가능성은 약 $\frac{1}{3}$이고, 보라색 다트 판에 꽂힐 확률은 약 $\frac{1}{2}$입니다. 보기에서 보라색이 $\frac{1}{2}$을, 노란색과 초록색이 각각 $\frac{1}{4}$을 차지하고 있는 그림은 ③번입니다.

3. 답:

불가능하다	아닐 것 같다	반반이다	그럴 것 같다	확실하다
⑤	③	④	①	②

① 주머니 안에 파란색 구슬이 빨간색 구슬보다 많이 들어 있으므로, 일이 일어날 가능성이 상당히 높습니다. 그러므로 이 문장은 '그럴 것 같다'입니다.
② 오늘이 토요일이면 내일은 반드시 일요일이 됩니다. 따라서 이 문장은 '확실하다'입니다.
③ 내년 10월 셋째 주에 일주일 내내 비가 올 가능성은 매우 낮습니다. 그렇지만 완전히 불가능한 일도 아니지요. 따라서 이 문장은 '아닐 것 같다'입니다.
④ 주사위는 홀수와 짝수가 각각 3면으로 이루어져 있으므로, 주사위를 던졌을 때 홀수와 짝수가 나올 가능성은 비슷합니다. 따라서 이 문장은 '반반이다'입니다.
⑤ 지금이 오후 3시이면 1시간 뒤에는 오후 4시가 되므로, 절대 오후 5시는 될 수 없습니다. 따라서 이 문장은 '불가능하다'입니다.

실력 쑥쑥 사고력 수학 정답·58

1. 답: 17

㉠★㉡에서 '★'은 ㉠과 ㉡의 평균을 나타내는 기호입니다. 10★(□★11)=12에서 빨간색으로 나타낸 부분을 ①이라고 한다면, 10과 ①의 평균은 12이고, 두 수의 합은 24입니다. 10+①=24이므로, ①은 14이지요. □와 11의 평균은 14이므로 □+11=28입니다. 따라서 □는 17입니다.

2. 답: $\frac{1}{2}$

왼쪽 상자에서 구슬을 하나 꺼낼 때, 꺼낸 구슬이 빨간색일 가능성이 1이라는 말은 상자에 들어 있는 구슬이 모두 빨간색이라는 뜻입니다. 즉, 왼쪽 상자에 들어 있는 구슬 10개는 모두 빨간색이지요. 두 상자의 구슬을 합치면 구슬은 20개가 됩니다. 그중 빨간색 구슬을 꺼낼 가능성은 $\frac{3}{4}$이므로, 20개의 $\frac{3}{4}$인 15개가 빨간색 구슬이어야 합니다. 왼쪽 상자에 들어 있는 빨간색 구슬 10개와 오른쪽 상자에 들어 있는 빨간색 구슬을 합치면 15개이므로, 오른쪽 상자에는 빨간색 구슬이 5개, 다른 색깔 구슬이 5개 들어 있었네요. 따라서 오른쪽 상자에서 꺼낸 구슬이 빨간색일 가능성은 $\frac{1}{2}$입니다.

★ ★ ★ 3장 ★ ★ ★

기초 탄탄 교과 수학 정답·81

1. 답: 638,700,000,000,000

1만은 1000이 10개인 수입니다. 1만이 1000개이면 1000만이지요. 1억은 1000만이 10개인 수입니다. 1억이 1000개이면 1000억이고요. 1조는 1000억이 10개인 큰 수입니다. 육백삼십팔조 칠천억은 1조가 638개이고, 1억이 7000개인 수입니다. 육백삼십팔조 칠천억을 자리 수에 맞게 나타내면 아래와 같습니다.

2. 답: ④

각 수의 0의 개수를 세어 보면 아래와 같습니다. 수의 크기는 구천팔십억이 가장 크지만, 0의 개수는 사천억이 더 많답니다.

① 오십팔억: 0이 8개

② 삼백이십억: 0이 9개

③ 육백억: 0이 10개

④ 사천억: 0이 11개

⑤ 구천팔십억: 0이 10개

3. 답: 목성→수성→화성

수성 91688973km

	9	1	6	8	8	9	7	3
일	천	백	십	일	천	백	십	일
억				만				일

화성 78941177km

	7	8	9	4	1	1	7	7
일	천	백	십	일	천	백	십	일
억				만				일

목성 628949177km

6	2	8	9	4	9	1	7	7
일	천	백	십	일	천	백	십	일
억				만				일

큰 수의 크기를 비교할 때는 먼저 자리 수를 세어 비교해 봅니다. 수성과 화성까지의 거리는 8자리 수이고, 목성까지의 거리는 9자리 수이므로 자리 수가 더 많은 목성까지의 거리가 가장 멀지요. 자리 수가 같으면 높은 자리 수부터 차례대로 비교해 봅니다. 수성과 화성의 가장 높은 자리인 천만의 자리 수는 각각 9와 7이므로 수성이 그 다음으로 멀고, 지구와 화성이 가장 가깝습니다.

1. 답: 46169528

바뀌기 전

㉠	㉡	1	6	9	5	2	8
천	백	십	일	천	백	십	일
			만				일

바뀐 후

㉡	㉠	1	6	9	5	2	8
천	백	십	일	천	백	십	일
			만				일

바뀐 수가 처음 수 보다 1800만이 더 커졌다고 했으므로, 바뀐 후 천만의 자리 수인

ⓒ이 처음 천만의 자리 수인 ㉠보다 커야 합니다. 또, ㉠과 ⓒ의 합은 10이면서 서로 다른 수이므로 ㉠과 ⓒ에 들어갈 수 있는 수의 조합은 다음과 같습니다.

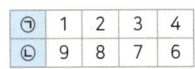

바뀐 수와 처음 수의 차가 1800만이니까 ⓒ㉠-㉠ⓒ이 18인 수의 조합을 찾으면 되겠네요. 위의 표에서 각각 수 조합을 넣어 계산해보면 64-46=18이라는 것을 알 수 있습니다. 즉, ㉠의 자리에는 4, ⓒ의 자리에는 6을 넣은 461695280이 처음 수입니다.

2. 답: 11142

1부터 6까지 쓰인 주사위 다섯 개를 동시에 던져서 나올 수 있는 가장 작은 다섯 자리 수는 11111입니다. 두 번째로 작은 수는 11112, 세 번째는 11113, …… 여섯 번째는 11116입니다. 더 이상 1의 자리를 바꿀 수 없을 때에는 십의 자리가 커져야 합니다. 일곱 번째로 작은 수는 11121, …… 열두 번째로 작은 수는 11126입니다. 십의 자리가 하나씩 커질 때마다 다섯 자리 수 여섯 개를 만들 수 있지요. 스무 번째 작은 수는 6×3+2번째 수이므로, 십의 자리가 네 번 커진 수의 둘째 번 수임을 알 수 있습니다. 즉, 스무 번째 작은 수는 11142입니다.

★ ★ ★ **4장** ★ ★ ★

기초 탄탄 교과 수학 정답·111

1. 답: 상자 ⓐ: ①, ③, ④   상자 ⓑ: ①, ②, ③, ④

상자 ⓐ에는 ▦, 상자 ⓑ에는 ▦ 모양의 구멍이 뚫려 있습니다. 상자 ⓑ의 구멍은 상자 ⓐ의 구멍보다 한 칸 늘어난 모습이므로, 상자 ⓐ에 들어갈 수 있는 쌓기 나무는 상자 ⓑ에도 들어갈 수 있겠지요.

위, 앞, 옆으로 본 모습 중 가장 적은 칸으로 상자에 넣을 수 있는 모양은 위에서 본 모습이네요. 위에서 보는 방향으로 쌓기 나무를 돌려서 상자 ⓐ와 ⓑ의 구멍에 넣는다면 두 상자에 모두 넣을 수 있습니다.

위, 앞, 옆으로 본 모습 중 가장 적은 칸으로 상자에 넣을 수 있는 모양은 앞과 옆에서 본 모양입니다. 하지만 이 모양은 어떻게 돌려도 상자 ⓐ에 넣을 수 있는 모습은 될 수 없으므로 상자 ⓑ에만 넣을 수 있습니다.

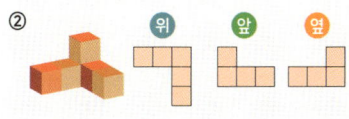

①번과 마찬가지로 가장 적은 칸으로 상자에 넣을 수 있는 모양은 옆에서 본 모양이므로, 이 방향으로 넣는다면 두 상자에 모두 넣을 수 있습니다.

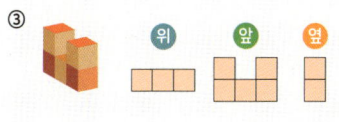

위, 앞, 옆 어느 방향으로 보아도 모양인 ④번 쌓기 나무는 어느 방향으로 넣던지 두 상자에 모두 넣을 수 있습니다.

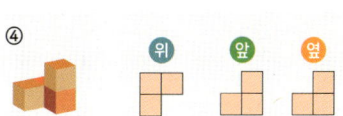

2. 답:

쌓기 나무를 위에서 본 모양을 그릴 때는 바닥에 닿아 있는 면의 모양과 같게 그려야 합니다. 앞과 옆에서 본 모양을 그릴 때는 각 방향에서 세로줄의 가장 높은 층의 모양과 같게 그려야 합니다. 앞에서 본 모양은 왼쪽부터 각각 2, 3, 1층이 가장 높은 층입니다. 옆에서 본 모양은 왼쪽부터 각각 1, 2, 3층이 가장 높은 층입니다.

3. 답: 17개

주어진 모양은 1층에 6개, 2층에 3개, 3층에 1개, 총 10개의 쌓기 나무로 만들어졌습니다. 만들 수 있는 가장 작은 정육면체는 한 모서리에 쌓기 나무가 3개일 때이므로, 정육면체를 만들기 위해 필요한 쌓기 나무의 개수는 3×3×3=27개입니다. 그러므로 더 필요한 쌓기 나무의 수는 27-10=17개입니다.

실력 쑥쑥 사고력 수학 정답 •112

1. 답: 10개

앞과 옆에서 본 모양으로 위에서 본 모양의 쌓기 나무가 쌓인 층수를 표시해 볼까요?

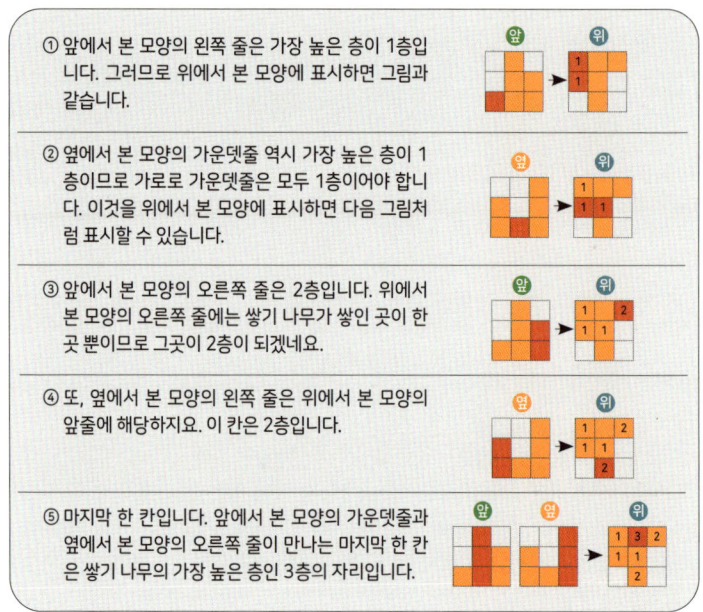

이렇게 모든 칸에 쌓인 쌓기 나무의 수를 모두 더하면 10개가 필요한 것을 알 수 있습니다.

2. 답: 3가지

위에서 본 모양이 ▦ 모양이려면 1층의 쌓기 나무 개수는 4개여야 합니다. 쌓기 나무 7개를 이용해 각 층의 쌓기 나무 수가 다르면서 1층이 네 칸인 구성을 만들면 4개(1층), 2개(2층), 1개(3층)입니다. 따라서 만들 수 있는 방법은 세 가지입니다.

★★★ 5장 ★★★

기초 탄탄 교과 수학 정답 •135

1. 답: ②→①→③→④

시간의 길이를 비교하기 위해서는 단위를 한 가지로 통일하는 것이 좋습니다. 1분은 60초이므로, 각 시간을 모두 초로 바꾸면 4분은 240초, 3분 50초는 230초가 됩니다.

2. 답: 파랑이가 5분 45초 더 오래 읽었다.

① 시간의 뺄셈을 할 때는 같은 단위끼리 계산합니다.

② 같은 단위 안에서 뺄셈을 할 수 없을 때는 더 큰 단위에서 받아 내림 합니다. 단, 1시간은 60분으로, 1분은 60초로 받아 내림 합니다.

③ 파랑이가 바이올렛보다 더 많이 읽었습니다. 얼마나 더 많이 읽었는지 알기 위해 파랑이가 책을 읽은 시간에서 바이올렛이 책을 읽은 시간을 빼려고 합니다. 분에서 초로 받아 내림 할 때는 60초로 받아 내림 하지만, 초 안의 10의 자리에서 1의 자리로 받아 내림 할 때는 10으로 받아 내림 합니다.

파랑이가 책을 읽은 시간

```
   4 시 52 분 40 초
 - 4 시 15 분 30 초
         37 분 10 초
```

바이올렛이 책을 읽은 시간

```
       3    60
   4́ 시 18 분 35 초
 - 3 시 47 분 10 초
         31 분 25 초
```

```
              5  10
          6   6́  0́
       3  7́ 분 1 0 초
     - 3  1 분 2 5 초
            5 분 4 5 초
```

3. 답: 4시간 11분

시간의 덧셈을 할 때는 같은 단위끼리 계산합니다. 한 시간은 60분이므로 분의 계산 결과가 60을 넘으면 60분을 1시간으로 받아 올림 합니다.

```
          1                        1
   2 시 5 3 분              2 시 5 3 분
 + 1 시 1 8 분     ➡      + 1 시 1 8 분
   3 시 7 1 분              4 시 1 1 분
```

실력 쑥쑥 사고력 수학 정답 • 136

1. 답: 5시간 32분

① 하루는 24시간입니다. 24시간에서 낮의 길이를 빼면 밤의 길이를 알 수 있습니다.

② 낮의 길이가 밤의 길이보다 몇 시간 몇 분 더 긴지 알려면 낮의 길이에서 밤의 길이를 빼면 되지요.

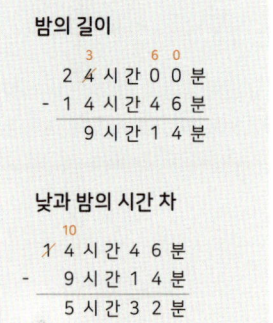

어느 해 하짓날의 낮의 길이는 밤의 길이보다 5시간 32분 더 길었네요.

2. 답: 2분 55초

낮 12시부터 오후 5시까지는 5시간 차이가 있습니다. 오후 5시가 되었을 때 파랑이의 시계는 20×5=100(초) 늦어졌습니다. 반면 바이올렛의 시계는 15×5=75(초) 빨라졌습니다. 두 사람의 시계가 가리키는 시각의 차는 100+75=175(초)입니다. 175초를 분과 초로 나타내면 2분 55초입니다.

초급 수학요원

글 박동명
어린이 친구들에게 들려주고 싶은 이야기를 칸칸이 나누어 글로 쓰는 일을 하며, 더 좋은 책을 만들기 위해 매일매일 노력하고 있습니다. <메이플 홈런왕>, <야생의 땅 듀랑고 코믹스> 시리즈를 비롯한 여러 어린이 책의 글을 썼습니다.

그림 유희석
웹툰부터 학습만화까지 다양한 분야를 넘나들며 어린이 친구들과 만나고 있습니다. <잠뜰TV 픽셀리 초능력 히어로즈>, <쿠키런 과학 상식>, <흔한남매 불꽃 튀는 우리말> 시리즈를 비롯한 여러 학습만화의 그림을 그렸습니다.

수학 콘텐츠 장세원
서울교육대학교 초등교육과를 졸업한 뒤, 고려대학교에서 수학영재교육으로 석사 학위를 받았습니다. 현재 서울어울초등학교에서 근무하고 있습니다.
다른 과목의 문제가 풀리지 않아 답답하거나 할 일이 없어 심심할 때 수학 문제를 풀던 학생에서 지금은 수학을 좋아하는 교사가 되었습니다. '수포자(수학 포기자)'라는 말이 널리 쓰이는 요즘, 아이들이 수학에 흥미를 갖기를 바라며 즐거운 수학 시간을 만들기 위해 노력하는 교사입니다.

초판 1쇄 인쇄 2023년 11월 10일
초판 1쇄 발행 2023년 11월 30일

발행인 심정섭
편집인 안예남
편집팀장 이주희 **편집** 김정현, 양선희, 김진영, 김규리, 송유진
제작 정승헌 **브랜드마케팅** 김지선
출판마케팅 홍성현, 경주현 **디자인** S and Book (design S)

발행처 ㈜서울문화사
등록일 1988년 2월 16일
등록번호 제2-484 **주소** 서울시 용산구 새창로 221-19
전화 02-799-9184(편집) | 02-791-0752(출판마케팅)

ISBN 979-11-6923-244-9
ISBN 979-11-6923-243-2(세트)

CODENAME X ⓒ KANGGYEONGSU / SIDE9 / SEOULLAND / SIGONGSA / SMARTSTUDYVENTURES
All rights reserved.

※ 본 제품은 ㈜제이비케이와의 정식 라이센스 계약에 의해 ㈜서울문화사에서
   제작, 판매하므로 무단 복제 및 판매를 금합니다.
※ 잘못된 제품은 구입처에서 교환해 드립니다.

인기 게임 〈무한의 계단〉
발명코믹북 출간!

〈무한의 계단1권〉
에서 만나요!

정가 15,000원 | 168쪽

전 우주의 용사를 이곳의 탑으로 초대해 시합을 하자는 초대장!

빼앗긴 발명품을 되찾고, 우주를 파괴하려는

장난의 신을 막기 위해 모두 시합에 참여할 거야.

끝이 안 보여…!

INFINITE STAIRS ⓒ NFLY.S

구입문의: 02-791-0708　서울문화사

오리지널 레벨업 코믹북
15권 대출간!

오븐을 탈출한 쿠키들, 왕국의 모험가가 되다!

카타리나 와 맞서 싸우는 용감한 쿠키와 블랙레이즌맛 쿠키! 무시무시한 **화염 공격** 을 이겨 낼 수 있을까?

시간이 멈춘 성에 다다른 **다크카카오 쿠키!** 아포가토맛 쿠키에게 속아 자신의 **소울 잼** 을 꺼내려 하는데…!

쿠키런 킹덤은?

- **하나.** 쿠키런 킹덤에서 펼쳐지는 두근두근 설레는 **모험** 이야기
- **둘.** 용감한 쿠키와 친구들이 보여 주는 우정과 용기의 **인성** 이야기
- **셋.** 이야기에 쏙 빠져들면 나도 모르게 이해되는 똑똑한 **논리** 이야기

© Devsisters Corp.

서울문화사

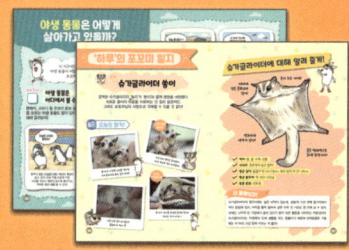